Lezzet Dalgası
Sous-Vide İncelikleri

Serkan Taşpınar

İpucu

tavuk suyu

Hazırlama süresi + pişirme süresi: 12 saat 25 dakika | Yemekler: 3

İçindekiler:

2 kilo tavuk, herhangi bir kısmı – uyluk, göğüs

5 bardak su

2 sap kereviz, doğranmış

2 beyaz soğan, doğranmış

talimat:

Bir su banyosu yapın, içine Sous Vide koyun ve 194 F'ye ayarlayın. Torbanın üst kısmını 2-3 kez katlayarak tüm malzemeleri 2 sous vide torbasına bölün. Bir su banyosuna yerleştirin. Zamanlayıcıyı 12 saate ayarlayın.

Zamanlayıcı durduğunda poşetleri çıkarın ve malzemeleri tencereye aktarın. Malzemeleri yüksek ateşte 10 dakika kadar pişirin. Isıyı kapatın ve filtreleyin. Et suyunu çorba tabanı olarak kullanın.

Pomodoro Soğan Sosu

Hazırlama süresi + pişirme süresi: 30 dakika | Yemekler: 4

İçindekiler

4 su bardağı domates, ikiye bölünmüş ve çekirdekleri çıkarılmış

½ soğan, doğranmış

½ çay kaşığı şeker

¼ fincan taze kekik

2 diş sarımsak, doğranmış

Tatmak için tuz ve karabiber

5 yemek kaşığı zeytinyağı

talimat:

Benmari hazırlayın ve vakuma yerleştirin. 175 F'ye ayarlayın. Domatesleri, kekiği, sarımsağı, soğanı ve şekeri vakumla kapatılabilen bir torbaya koyun. Suyu değiştirerek havayı serbest bırakın, kapatın ve torbayı bir su banyosuna daldırın. 15 dakika pişirin.

Zamanlayıcı durduğunda torbayı çıkarın ve içindekileri bir karıştırıcıya aktarın ve pürüzsüz hale gelinceye kadar 1 dakika karıştırın. Üstüne karabiber serpin.

Kırmızı biber püresi

Hazırlama süresi + pişirme süresi: 40 dakika | Yemekler: 4

İçindekiler:

8 adet çekirdeksiz kırmızı biber

⅓ su bardağı zeytinyağı

2 yemek kaşığı limon suyu

3 diş sarımsak, ezilmiş

2 çay kaşığı tatlı kırmızı biber

talimat:

Bir su banyosu yapın ve içine Sous Vide'yi yerleştirin ve 183 F'ye ayarlayın. Biberleri, sarımsakları ve zeytinyağını vakumla kapatılabilen bir torbaya koyun. Suyu değiştirerek havayı serbest bırakın, torbaları kapatın ve su banyosuna daldırın. Zamanlayıcıyı 20 dakikaya ayarlayın ve pişirin.

Zamanlayıcı durduğunda torbayı çıkarın ve açın. Biberleri ve sarımsakları bir karıştırıcıya aktarın ve pürüzsüz hale gelinceye kadar karıştırın. Tavayı orta ateşte yerleştirin; püreyi ve diğer malzemeleri ekleyin. 3 dakika pişirin. Dip olarak sıcak veya soğuk olarak servis yapın.

Jalapeno Baharatı

Hazırlama süresi + pişirme süresi: 70 dakika | Yemekler: 6

İçindekiler:

2 jalapeno biberi

2 adet yeşil biber

2 diş sarımsak, ezilmiş

1 soğan, sadece soyulmuş

3 çay kaşığı kekik tozu

3 çay kaşığı karabiber tozu

2 çay kaşığı biberiye tozu

10 çay kaşığı anason tozu

Talimat

Bir su banyosu yapın, içine Sous Vide'yi yerleştirin ve 185 F'ye ayarlayın. Biberleri ve soğanları vakumlu bir torbaya koyun. Suyu değiştirerek havayı serbest bırakın, kapatın ve torbayı bir su banyosuna daldırın. Zamanlayıcıyı 40 dakikaya ayarlayın.

Zamanlayıcı durduğunda torbayı çıkarın ve açın. Biberleri ve soğanları 2 yemek kaşığı suyla birlikte blendera aktarın ve pürüzsüz hale gelinceye kadar karıştırın.

Tavayı kısık ateşe alın, kırmızı biber salçasını ve diğer malzemeleri ekleyin. 15 dakika pişirin. Isıyı kapatın ve soğumaya bırakın. Baharat rafında saklayın, buzdolabında saklayın ve 7 gün içinde kullanın. Baharat olarak kullanın.

Sığır çorbası

Hazırlama süresi + pişirme süresi: 13 saat 25 dakika | Yemekler: 6

İçindekiler:

3 kilo sığır bacağı

1 buçuk kilo dana kemiği

½ pound kıyma

5 su bardağı domates salçası

6 tatlı soğan

3 baş sarımsak

6 yemek kaşığı karabiber

5 dal kekik

4 defne yaprağı

10 bardak su

talimat:

Fırını önceden 425 F'ye ısıtın. Sığır kemiklerini ve sığır bacaklarını bir pişirme kabına yerleştirin ve üzerine domates salçası sürün. Sarımsak ve soğanı ekleyin. Kenara koymak. Kıymayı başka bir tavaya alıp ufalayın. Tepsileri fırına verip koyulaşana kadar pişirin.

Pişirdikten sonra tavadaki yağı boşaltın. Büyük bir kapta benmari yapın, vakumlayın ve 195 F'ye ayarlayın. Kıymayı, kavrulmuş sebzeleri, karabiberi, kekiği ve defne yapraklarını 3 vakum poşetine ayırın. Kavanozlardaki suyu boşaltıp poşetlere ekleyin. Torbaların üst kısımlarını 2 ila 3 kez katlayın.

Torbaları su banyosuna yerleştirin ve Sous Vide kabına takın. Zamanlayıcıyı 13:00'e ayarlayın. Zamanlayıcı durduğunda poşetleri çıkarın ve malzemeleri tencereye aktarın. Malzemeleri yüksek ateşte kaynatın. 15 dakika pişirin. Isıyı kapatın ve filtreleyin. Et suyunu çorba tabanı olarak kullanın.

Sarımsak ve fesleğen ovma

Hazırlama süresi + pişirme süresi: 55 dakika | Yemekler: 15

İçindekiler:

2 baş ezilmiş sarımsak

2 yemek kaşığı zeytinyağı

Bir tutam tuz

1 baş rezene, doğranmış

2 limon, soyulmuş ve sıkılmış

¼ şeker

25 fesleğen yaprağı

talimat:

Bir su banyosu yapın, içine Sous Vide'yi yerleştirin ve 185 F'ye ayarlayın. Rezeneyi ve şekeri vakumlu bir torbaya koyun. Suyu değiştirerek havayı serbest bırakın, kapatın ve torbayı bir su banyosuna daldırın. Zamanlayıcıyı 40 dakikaya ayarlayın. Zamanlayıcı durduğunda torbayı çıkarın ve açın.

Rezene, şeker ve listelenen diğer malzemeleri bir karıştırıcıya aktarın ve püre haline getirin. Bir baharat kavanozunda saklayın ve bir haftaya kadar buzdolabında saklayın.

Bal ve soğan balzamik sosu

Hazırlama süresi + pişirme süresi: 1sa55 | Porsiyon: 1)

İçindekiler

3 tatlı soğan, doğranmış

1 yemek kaşığı tereyağı

Tatmak için tuz ve karabiber

2 yemek kaşığı balzamik sirke

1 yemek kaşığı bal

2 çay kaşığı taze kekik yaprağı

Talimat

Benmari hazırlayın ve vakuma yerleştirin. 186F'ye ayarlayın.

Orta ateşte tereyağı ile bir tavayı ısıtın. Soğanı, tuzu ve karabiberi ekleyip 10 dakika pişirin. Balzamik sirkeyi ekleyin ve 1 dakika pişirin. Ateşten alın ve balın içine dökün.

Karışımı vakumlu bir torbaya koyun. Suyu değiştirerek havayı serbest bırakın, kapatın ve torbayı bir su banyosuna daldırın. 90 dakika pişirin. Zamanlayıcı durduğunda poşeti çıkarın ve bir tabağa aktarın. Taze kekikle süsleyin. Pizza veya sandviçle servis yapın.

Domates sosu

Hazırlama süresi + pişirme süresi: 55 dakika | Yemekler: 4

İçindekiler:

1 (16 ons) kutu domates, ezilmiş

1 küçük beyaz soğan, doğranmış

1 su bardağı taze fesleğen yaprağı

1 yemek kaşığı zeytinyağı

1 diş sarımsak, ezilmiş

Tatmak için tuz

1 defne yaprağı

1 kırmızı biber

talimat:

Bir su banyosu yapın, içine Sous Vide koyun ve 185 F'ye ayarlayın. Listelenen tüm malzemeleri vakumlu bir torbaya koyun. Suyu değiştirerek havayı serbest bırakın, kapatın ve torbayı bir su banyosuna daldırın. Zamanlayıcıyı 40 dakikaya ayarlayın. Zamanlayıcı durduğunda torbayı çıkarın ve açın. Defne yaprağını atın ve kalan malzemeleri bir karıştırıcıya aktarın ve pürüzsüz hale gelinceye kadar karıştırın. Ana yemeğin yanında servis yapın.

Deniz ürünleri suyu

Hazırlama süresi + pişirme süresi: 10 saat 10 dakika | Yemekler: 6

İçindekiler:

1 kiloluk kafaları ve kuyrukları olan karides kabukları

3 bardak su

1 yemek kaşığı zeytinyağı

2 çay kaşığı tuz

2 dal biberiye

½ baş sarımsak, ezilmiş

½ bardak kereviz yaprağı, doğranmış

talimat:

Benmari yapın, içine Sous Vide koyun ve 180 F'ye ayarlayın. Karideslerin üzerine zeytinyağı dökün. Karidesleri listelenen malzemelerin geri kalanıyla birlikte vakumlu bir torbaya koyun. Havayı boşaltın, torbayı kapatın ve su banyosuna daldırın ve zamanlayıcıyı 10 saate ayarlayın.

balık çorbası

Hazırlama süresi + pişirme süresi: 10 saat 15 dakika | Yemekler: 4

İçindekiler:

5 bardak su

Yarım kilo derili balık filetosu

1 kilo balık kafası

5 orta boy yeşil soğan

3 tatlı soğan

¼ pound siyah deniz yosunu (Kombu)

talimat:

Bir su banyosu yapın, içine Sous Vide'ı yerleştirin ve 194 F'ye ayarlayın. Yukarıdaki tüm malzemeleri eşit şekilde 2 sous vide poşetine bölün, poşetin üst kısmını 2 kez katlayın. Bunları bir su banyosuna yerleştirin ve bir Sous Vide kabına takın. Zamanlayıcıyı 10 saate ayarlayın.

Zamanlayıcı durduğunda poşetleri çıkarın ve malzemeleri tencereye aktarın. Malzemeleri yüksek ateşte 5 dakika kadar pişirin. Isıyı kapatın ve filtreleyin. Buzdolabında saklayın ve 14 gün içerisinde kullanın.

Kuşkonmaz sosu

Hazırlama süresi + pişirme süresi: 30 dakika | Yemekler: 2

İçindekiler

1 demet büyük kuşkonmaz

Tatmak için tuz ve karabiber

¼ bardak zeytinyağı

1 çay kaşığı Dijon hardalı

1 çay kaşığı dereotu

1 çay kaşığı kırmızı şarap sirkesi

1 adet haşlanmış yumurta, doğranmış

Taze maydanoz, doğranmış

Talimat

Benmari hazırlayın ve vakuma yerleştirin. 186F'ye ayarlayın.

Kuşkonmazın alt kısımlarını kesip atın.

Sapın altını soyun ve vakumlu bir torbaya koyun. Suyu değiştirerek havayı serbest bırakın, kapatın ve torbayı bir su banyosuna daldırın. 15 dakika pişirin.

Zamanlayıcı durduğunda torbayı çıkarın ve buz banyosuna aktarın. Pişirme suyunu ayırın. Zeytinyağı, sirke ve hardalı bir salata sosu kasesinde birleştirin; İyice karıştırın. Tuzla tatlandırın ve bir kavanoza aktarın. İyice karışıncaya kadar kapatın ve çalkalayın. Maydanoz, yumurta ve salata sosu serpin.

Sebze çorbası

Hazırlama süresi + pişirme süresi: 12 saat 35 dakika | Porsiyon:
10)

İçindekiler:

1 ½ su bardağı doğranmış kereviz

1 ½ su bardağı doğranmış pırasa

½ bardak kıyılmış rezene

4 diş sarımsak, ezilmiş

1 yemek kaşığı zeytinyağı

6 bardak su

1 ½ su bardağı mantar

½ su bardağı kıyılmış maydanoz

1 yemek kaşığı karabiber

1 defne yaprağı

talimat:

Benmari yapın, vakuma koyun ve 180 F'ye ayarlayın. Fırını önceden
450 F'ye ısıtın. Pırasa, kereviz, rezene, sarımsak ve zeytinyağını bir
kaseye koyun. Onları at. Bunları bir fırın tepsisine koyun ve fırına
koyun. 20 dakika pişirin.

Fırında pişirilen sebzeler, meyve suyu, su, maydanoz, biber topları, mantar ve defne yaprağıyla birlikte vakum poşetine konulur. Havayı boşaltın, torbayı kapatın ve su banyosuna daldırın ve zamanlayıcıyı 12 saate ayarlayın. Buharlaşmayı sınırlamak için su banyosu kabını plastik ambalajla örtün ve sebzeleri kapalı tutmak için banyoya su eklemeye devam edin.

Zamanlayıcı durduğunda torbayı çıkarın ve açın. Malzemeleri filtreleyin. Buzdolabında saklayın ve 1 aya kadar dondurulmuş olarak kullanın.

Zamanlayıcı durduğunda torbayı çıkarın ve açın. Malzemeleri filtreleyin. Buzdolabında saklayın ve 2 haftaya kadar dondurulmuş olarak kullanın.

Sarımsaklı Tabasco Edamame Peyniri

Hazırlama süresi + pişirme süresi: 1sa06 | Yemekler: 4

İçindekiler

1 yemek kaşığı zeytinyağı

4 bardak taze edamame kapsülleri

1 çay kaşığı tuz

1 diş sarımsak, doğranmış

1 yemek kaşığı kırmızı biber gevreği

1 yemek kaşığı tabasco

Talimat

Benmari hazırlayın ve vakuma yerleştirin. 186F'ye ayarlayın.

Bir tencere suyu yüksek ateşte ısıtın ve edamame kaplarını 60 saniye haşlayın. Filtreleyin ve buzlu su banyosuna aktarın. Sarımsak, pul biber, Tabasco sosu ve zeytinyağını karıştırın.

Edamame'yi vakumlu bir torbaya koyun. Tabasco sosunu gezdirin. Suyu değiştirerek havayı serbest bırakın, kapatın ve torbayı bir su banyosuna daldırın. 1 saat pişirin. Zamanlayıcı durduğunda poşeti çıkarın, bir kaseye aktarın ve servis yapın.

Otlu kar bezelye püresi

Hazırlama süresi + pişirme süresi: 55 dakika | Yemekler: 6

İçindekiler

½ su bardağı sebze suyu

1 pound taze kar bezelye

1 limonun kabuğu rendesi

2 yemek kaşığı doğranmış taze fesleğen

1 yemek kaşığı zeytinyağı

Tatmak için tuz ve karabiber

2 yemek kaşığı doğranmış taze frenk soğanı

2 yemek kaşığı kıyılmış taze maydanoz

¾ çay kaşığı sarımsak tozu

Talimat

Benmari hazırlayın ve vakuma yerleştirin. 186F'ye ayarlayın.

Bezelye, limon kabuğu rendesi, fesleğen, zeytinyağı, karabiber, frenk soğanı, maydanoz, tuz ve sarımsak tozunu birleştirin ve açılıp kapanabilir bir torbaya koyun. Suyu değiştirerek havayı serbest bırakın, kapatın ve torbayı bir su banyosuna daldırın. 45 dakika pişirin. Zamanlayıcı durduğunda torbayı çıkarın ve bir karıştırıcıya aktarın ve iyice karıştırın.

Adaçayı Kızarmış Patates Püresi

Hazırlama süresi + pişirme süresi: 1sa35 | Yemekler: 6

İçindekiler

¼ fincan tereyağı

12 tatlı patates, soyulmamış

10 diş sarımsak, doğranmış

4 çay kaşığı tuz

6 yemek kaşığı zeytinyağı

5 dal taze adaçayı

1 çay kaşığı kırmızı biber

Talimat

Benmari hazırlayın ve vakuma yerleştirin. 192F'ye ayarlayın.

Patates, sarımsak, tuz, zeytinyağı ve 2 veya 3 dal kekiği karıştırıp vakum poşetine koyun. Suyu değiştirerek havayı serbest bırakın, kapatın ve torbayı bir su banyosuna daldırın. 1 saat 15 dakika pişirin.

Fırını önceden 450 F'ye ısıtın. Saat durduğunda patatesleri çıkarın ve bir kaseye aktarın. Pişirme suyunu ayırın.

Patatesleri tereyağı ve geri kalan adaçayı ile iyice karıştırın. Folyo kaplı bir fırın tepsisine aktarın. Patateslerin ortasına bir delik açın ve pişirme suyunu dökün. Patatesleri 10 dakika pişirin, 5 dakika sonra çevirin. Adaçayı reddet. Bir tabağa aktarın ve üzerine kırmızı biber serperek servis yapın.

Kekik ve peynir tereyağlı kuşkonmaz

Hazırlama süresi + pişirme süresi: 21 dakika | Yemekler: 6

İçindekiler

¼ bardak rendelenmiş Pecorino Romano peyniri

16 ons taze kuşkonmaz, dilimlenmiş

4 yemek kaşığı tereyağı, doğranmış

Tatmak için tuz

1 diş sarımsak, doğranmış

1 yemek kaşığı kekik

Talimat

Benmari hazırlayın ve vakuma yerleştirin. 186F'ye ayarlayın.

Kuşkonmazı vakumlu bir torbaya koyun. Tereyağı küplerini, sarımsağı, tuzu ve kekiği ekleyin. Suyu değiştirerek havayı serbest bırakın, kapatın ve torbayı bir su banyosuna daldırın. 14 dakika pişirin.

Zamanlayıcı durduğunda poşeti çıkarın ve kuşkonmazı bir tabağa aktarın. Biraz pişirme suyu serpin. Üstüne Pecorino Romano peyniri ekleyin.

Lezzetli bal sırlı yaban havucu

Hazırlama süresi + pişirme süresi: 1 saat 8 dakika | Yemekler: 4

İçindekiler

1 pound yaban havucu, soyulmuş ve doğranmış

3 yemek kaşığı tereyağı

2 yemek kaşığı bal

1 çay kaşığı zeytinyağı

Tatmak için tuz ve karabiber

1 yemek kaşığı kıyılmış taze maydanoz

Talimat

Benmari hazırlayın ve vakuma yerleştirin. 186F'ye ayarlayın.

Yaban havucu, tereyağı, bal, zeytinyağı, tuz ve karabiberi hava geçirmez bir torbaya koyun. Suyu değiştirerek havayı serbest bırakın, kapatın ve torbayı bir su banyosuna daldırın. 1 saat pişirin.

Tavayı orta ateşte ısıtın. Zamanlayıcı durduğunda poşeti çıkarın ve içindekileri tencereye aktarın ve sıvı camsı hale gelinceye kadar 2 dakika pişirin. Maydanozu ekleyip hızlıca karıştırın. sert.

Domates kremalı ve peynirli sandviç

Hazırlama süresi + pişirme süresi: 55 dakika | Yiyecek: 8)

İçindekiler

½ su bardağı krem peynir

2 kilo domates dilimler halinde kesilmiş

Tatmak için tuz ve karabiber

2 yemek kaşığı zeytinyağı

2 diş sarımsak, doğranmış

½ çay kaşığı doğranmış taze adaçayı

⅛ çay kaşığı kırmızı biber

½ çay kaşığı beyaz şarap sirkesi

2 yemek kaşığı tereyağı

4 dilim ekmek

2 dilim hellim peyniri

Talimat

Benmari hazırlayın ve vakuma yerleştirin. 186 F'ye ayarlayın. Domatesleri bir kasenin üzerindeki kevgir içine koyun ve tuzla baharatlayın. İyice karıştırın. 30 dakika soğumaya bırakın. Meyve sularını süzün. Zeytinyağı, sarımsak, adaçayı, karabiber, tuz ve pul biberi birleştirin.

Vakumlu bir torbaya koyun. Suyu değiştirerek havayı serbest bırakın, kapatın ve torbayı bir su banyosuna daldırın. 40 dakika pişirin.

Zamanlayıcı durduğunda torbayı çıkarın ve blendere aktarın. Sirke ve ekşi krema ekleyin. Pürüzsüz olana kadar karıştır. Bir tabağa aktarın ve gerekirse tuz ve karabiber ekleyin.

Peynir çubuklarını hazırlamak için: Tavayı orta ateşte ısıtın. Ekmek dilimlerini yağlayıp fırın tepsisine dizin. Peynir dilimlerini ekmeğin üzerine koyun ve diğer tereyağlı ekmeğin üzerine yerleştirin. 1-2 dakika kızartın. Kalan ekmekle tekrarlayın. Küpler halinde kesin. Sıcak çorbanın üzerinde servis yapın.

Kaju Fıstığı ve Queso Fresco ile Akçaağaç Pancar Salatası

Hazırlama süresi + pişirme süresi: 1sa35 | Yiyecek: 8)

İçindekiler

6 büyük pancar, soyulmuş ve parçalara ayrılmış

Tatmak için tuz ve karabiber

3 yemek kaşığı akçaağaç şurubu

2 yemek kaşığı tereyağı

1 büyük portakalın kabuğu rendesi

1 yemek kaşığı zeytinyağı

½ çay kaşığı acı biber

1½ bardak kaju fıstığı

6 bardak roka

3 mandalina, soyulmuş ve parçalara ayrılmış

1 bardak queso fresk, ezilmiş

Talimat

Benmari hazırlayın ve vakuma yerleştirin. 186F'ye ayarlayın.

Pancar parçalarını vakumlu poşete koyun. Tuz ve karabiberle tatlandırın. 2 yemek kaşığı akçaağaç şurubu, tereyağı ve portakal kabuğu rendesini ekleyin. Suyu değiştirerek havayı serbest bırakın, kapatın ve torbayı bir su banyosuna daldırın. 1 saat 15 dakika pişirin.

Fırını 350F'ye önceden ısıtın.

Kalan akçaağaç şurubunu, zeytinyağını, tuzu ve acı biberi ilave edip karıştırın. Kajuları ekleyin ve iyice karıştırın. Kaju fıstığı karışımını daha önce üzerine mumlu kırmızı biber serptiğimiz bir fırın tepsisine yerleştirin ve 10 dakika pişirin. kenara koyun ve soğumaya bırakın.

Zamanlayıcı durduğunda pancarları çıkarın ve pişirme suyunu boşaltın. Rokaları servis tabağına dizin, pancar dilimleri ve mandalina ile süsleyin. Servis yapmak için queso fresk ve kaju karışımı serpin.

Karnabahar biberi

Hazırlama + pişirme süresi: 52 dakika | Yemekler: 5

İçindekiler

½ su bardağı rendelenmiş provolon peyniri

1 baş karnabahar, çiçekleri kesilmiş

2 diş sarımsak, doğranmış

Tatmak için tuz ve karabiber

2 yemek kaşığı tereyağı

1 yemek kaşığı zeytinyağı

½ büyük kırmızı biber, şeritler halinde kesilmiş

½ büyük sarı dolmalık biber, şeritler halinde kesilmiş

½ büyük portakal biberi şeritler halinde kesilmiş

Talimat

Benmari hazırlayın ve vakuma yerleştirin. 186F'ye ayarlayın.

Karnabahar çiçeklerini, 1 diş sarımsağı, tuzu, karabiberi, tereyağının yarısını ve zeytinyağının yarısını iyice karıştırın.

Başka bir kapta kırmızı biberi, kalan sarımsağı, kalan tuzu, karabiberi, kalan tereyağını ve kalan zeytinyağını birleştirin.

Karnabaharı vakumlu bir torbaya koyun. Biberleri başka bir vakumlu torbaya koyun. Suyu değiştirerek havayı serbest bırakın, torbaları kapatın ve su banyosuna daldırın. 40 dakika pişirin.

Zamanlayıcı durduğunda poşetleri çıkarın ve içindekileri bir kaseye aktarın. Pişirme suyunu boşaltın. Sebzeleri karıştırın ve üzerine Provolone peyniri serpin.

Sonbahar balkabağı çorbası

Hazırlama süresi + pişirme süresi: 2sa20 | Yemekler: 6

İçindekiler

¾ bardak ağır krema

1 kışlık kabak, doğranmış

1 büyük armut

½ sarı soğan, doğranmış

3 dal taze kekik

1 diş sarımsak, doğranmış

1 çay kaşığı öğütülmüş kimyon

Tatmak için tuz ve karabiber

4 yemek kaşığı krema fraîche

Talimat

Benmari hazırlayın ve vakuma yerleştirin. 186F'ye ayarlayın.

Balkabağı, armut, soğan, kekik, sarımsak, kimyon ve tuzu karıştırın. Vakumlu bir torbaya koyun. Suyu hareket ettirerek havayı serbest bırakın, kapatın ve bir su banyosuna daldırın. 2 saat pişirin.

Zamanlayıcı durduğunda torbayı çıkarın ve içindekilerin tamamını karıştırıcıya aktarın. Pürüzsüz bir püre haline getirin. Ekşi krema ekleyin ve iyice karıştırın. Tuz ve karabiberle tatlandırın. Karışımı kaselere dökün ve üzerine biraz krema dökün. Armut parçalarıyla süsleyin.

Patates-kereviz-pırasa çorbası

Hazırlama süresi + pişirme: 2sa15 | Yiyecek: 8)

İçindekiler

8 yemek kaşığı tereyağı

4 kırmızı patates, dilimlenmiş

1 sarı soğan, ¼ inç parçalar halinde kesilmiş

1 sap kereviz, ½ inçlik parçalar halinde kesilmiş

4 su bardağı doğranmış ½ inç pırasa, yalnızca beyaz kısımları

1 su bardağı sebze suyu

1 havuç, doğranmış

4 diş sarımsak, doğranmış

2 adet defne yaprağı

Tatmak için tuz ve karabiber

2 bardak ağır krema

¼ bardak doğranmış taze frenk soğanı

Talimat

Benmari hazırlayın ve vakuma yerleştirin. 186F'ye ayarlayın.

Patatesleri, havuçları, soğanları, kerevizi, pırasayı, sebze suyunu, tereyağını, sarımsağı ve defne yapraklarını vakumlu bir torbaya koyun. Suyu değiştirerek havayı serbest bırakın, kapatın ve torbayı bir su banyosuna daldırın. 2 saat pişirin.

Zamanlayıcı durduğunda torbayı çıkarın ve blendere aktarın. Defne yapraklarını atın. İçeriği karıştırın ve tuz ve karabiberle tatlandırın. Yavaş yavaş kremayı ekleyin ve pürüzsüz hale gelinceye kadar 2-3 dakika karıştırın. Servis yapmadan önce içeriğini süzün ve frenk soğanı ile süsleyin.

Limon ve kızılcık ile yeşil salata

Hazırlama süresi + pişirme süresi: 15 dakika | Yemekler: 6

İçindekiler

6 su bardağı saplarıyla birlikte taze yeşil lahana

6 yemek kaşığı zeytinyağı

2 diş sarımsak, ezilmiş

4 yemek kaşığı limon suyu

½ çay kaşığı tuz

¾ bardak kurutulmuş kızılcık

Talimat

Benmari hazırlayın ve vakuma yerleştirin. 196 F'ye ayarlayın. Sebzeleri 2 yemek kaşığı zeytinyağıyla karıştırın. Vakumlu bir torbaya koyun. Suyu değiştirerek havayı serbest bırakın, kapatın ve torbayı bir su banyosuna daldırın. 8 dakika pişirin.

Kalan zeytinyağını, sarımsağı, limon suyunu ve tuzu ekleyip karıştırın. Zamanlayıcı durduğunda sebzeleri çıkarın ve servis tabağına aktarın. Salata sosunu gezdirin. Kızılcıklarla süsleyin.

Domates soslu narenciye mısır

Hazırlama süresi + pişirme süresi: 55 dakika | Yiyecek: 8)

İçindekiler

⅓ su bardağı zeytinyağı

4 başak sarı mısır, kabuklu

Tatmak için tuz ve karabiber

1 büyük domates, dilimlenmiş

3 yemek kaşığı limon suyu

2 diş sarımsak, doğranmış

1 serrano biberi, çekirdeksiz

4 soğan, sadece yeşil kısımları, dilimlenmiş

½ demet taze kişniş yaprağı, doğranmış

Talimat

Benmari hazırlayın ve vakuma yerleştirin. 186 F'ye ayarlayın. Mısırları zeytinyağıyla karıştırın ve tuz ve karabiberle tatlandırın. Bunları vakumlu bir torbaya koyun. Suyu değiştirerek havayı serbest bırakın, kapatın ve torbayı bir su banyosuna daldırın. 45 dakika pişirin.

Bu arada bir kapta domates, limon suyu, sarımsak, serrano biberi, taze soğan, kişniş ve kalan zeytinyağını karıştırın. Izgarayı yükseğe kadar önceden ısıtın.

Zamanlayıcı durduğunda mısırı çıkarın ve ızgaraya aktarın ve 2-3 dakika ızgara yapın. Soğumaya bıraktık. Çekirdekleri koçandan kesin ve domates sosunun üzerine dökün. Balık, salata veya tortilla cipsi ile servis edilir.

Brüksel Lahanası Susamlı Tamari Zencefil

Hazırlama + pişirme süresi: 43 dakika | Yemekler: 6

İçindekiler

1½ pound Brüksel lahanası, ikiye bölünmüş

2 diş sarımsak, doğranmış

2 yemek kaşığı bitkisel yağ

1 yemek kaşığı tamari sosu

1 çay kaşığı rendelenmiş zencefil

¼ çay kaşığı kırmızı biber

¼ çay kaşığı kızarmış susam yağı

1 yemek kaşığı susam

Talimat

Benmari hazırlayın ve vakuma yerleştirin. 186 F'ye ayarlayın. Tavayı orta ateşte ısıtın ve sarımsak, bitkisel yağ, tamari sosu, zencefil ve kırmızı biberi birleştirin. 4-5 dakika pişirin. Kenara koymak.

Brüksel lahanalarını vakumlu poşete koyun ve üzerini tamari karışımıyla örtün. Suyu değiştirerek havayı serbest bırakın, kapatın ve torbayı bir su banyosuna daldırın. 30 dakika pişirin.

Zamanlayıcı durduğunda torbayı çıkarın ve bir mutfak havlusuyla kurulayın. Pişirme sularını saklayın. Filizleri bir kaseye aktarın ve susam yağıyla karıştırın. Filizleri tabaklara kesin ve üzerlerine pişirme suyunu serpin. Susam tohumlarıyla süsleyin.

Pancar ve ıspanak salatası

Hazırlama süresi + pişirme süresi: 2sa25 | Yemekler: 3

İçindekiler:

1 ¼ bardak pancar, ayıklanmış ve küçük parçalar halinde kesilmiş

1 su bardağı doğranmış taze ıspanak

2 yemek kaşığı zeytinyağı

1 yemek kaşığı limon suyu, taze sıkılmış

1 çay kaşığı balzamik sirke

2 diş sarımsak, ezilmiş

1 yemek kaşığı tereyağı

Tatmak için tuz ve karabiber

talimat:

Pancarları güzelce yıkayıp temizleyin. Küçük parçalar halinde kesip tereyağı ve ezilmiş sarımsakla birlikte vakum poşetine koyun. Sous vide'yi 185 F'de 2 saat pişirin. Soğumaya bırakın.

Geniş bir tencerede suyu kaynatıp ıspanakları ekleyin. Bir dakika kadar pişirin ve ocaktan alın. İyice boşaltın. Vakumla kapatılmış bir torbaya aktarın ve sous vide'yi 180 F'de 10 dakika pişirin. Su banyosundan çıkarın ve tamamen soğumaya bırakın. Geniş bir kaseye alıp, pişmiş pancarları ekleyin. Tuz, karabiber, sirke, zeytinyağı ve limon suyuyla tatlandırın. Derhal servis yapın.

Nane ile yeşil sarımsak

Hazırlama süresi + pişirme süresi: 30 dakika | Yemekler: 2

İçindekiler:

½ bardak taze toplanmış hindiba

½ bardak yabani kuşkonmaz, ince doğranmış

½ bardak rendelenmiş İsviçre pazı

¼ bardak taze nane, doğranmış

¼ bardak yırtılmış roka

2 diş sarımsak, doğranmış

½ çay kaşığı tuz

4 yemek kaşığı taze sıkılmış limon suyu

2 yemek kaşığı zeytinyağı

talimat:

Büyük bir tencereye tuzlu su doldurun ve sebzeleri ekleyin. 3 dakika pişirin. Çıkarın ve boşaltın. Ellerinizle yavaşça sıkın ve lahanayı keskin bir bıçakla doğrayın. Vakumla kapatılmış büyük bir torbaya aktarın ve sous vide'yi 162 F'de 10 dakika pişirin. Su banyosundan çıkarın ve bir kenara koyun.

Zeytinyağını büyük bir tavada orta ateşte ısıtın. Sarımsak ekleyin ve sürekli karıştırarak 1 dakika pişirin. Lahanayı karıştırın ve tuzla tatlandırın. Taze limon suyu serpip servis yapın.

Beyaz şarapta Brüksel lahanası

Hazırlama süresi + pişirme süresi: 35 dakika | Yemekler: 4

İçindekiler:

1 kilo Brüksel lahanası, rendelenmiş

½ su bardağı sızma zeytinyağı

½ bardak beyaz şarap

Tatmak için tuz ve karabiber

2 yemek kaşığı taze maydanoz, ince doğranmış

2 diş sarımsak, ezilmiş

talimat:

Brüksel lahanalarını üç yemek kaşığı zeytinyağıyla birlikte vakumlu büyük bir torbaya koyun. Sous vide'yi 180 F'de 15 dakika pişirin. Torbadan çıkarın.

Geriye kalan zeytinyağını büyük yapışmaz bir tavada ısıtın. Brüksel lahanasını, preslenmiş sarımsağı, tuzu ve karabiberi ekleyin. Kısa bir süre ızgara yapın ve tavayı birkaç kez sallayarak her tarafının hafifçe kızarmasını sağlayın. Şarabı dökün ve kaynatın. İyice karıştırın ve ocaktan alın. Üzerine ince kıyılmış maydanoz serpip servis yapın.

Pancar ve keçi peynirli salata

Hazırlama süresi + pişirme süresi: 2sa20 | Yemekler: 3

İçindekiler:

1 pound kırmızı pancar, dörde bölünmüş

½ su bardağı beyazlatılmış badem

2 yemek kaşığı kabuklu fındık

2 yemek kaşığı zeytinyağı

1 diş sarımsak, ince doğranmış

1 çay kaşığı kimyon tozu

1 çay kaşığı limon kabuğu rendesi

Tatmak için tuz

½ su bardağı keçi peyniri, ufalanmış

Dekorasyon için taze nane yaprakları

<u>Bandaj:</u>

2 yemek kaşığı zeytinyağı

1 yemek kaşığı elma sirkesi

talimat:

Bir su banyosu yapın, içine Sous Vide koyun ve 183F'ye ayarlayın.

Pancarı vakumlu bir torbaya koyun. Suyu hareket ettirerek havayı serbest bırakın, torbayı kapatın ve su banyosuna daldırın ve zamanlayıcıyı 2 saate ayarlayın. Zamanlayıcı durduğunda torbayı çıkarın ve açın. Pancarı bir kenara koyun.

Tavayı orta ateşe alın, bademleri ve fındıkları ekleyip 3 dakika kızartın. Bir kesme tahtasına aktarın ve dilimleyin. Aynı tavaya yağı, sarımsağı ve kimyonu ekleyin. 30 saniye pişirin. Isıtmayı kapatın. Keçi peyniri, badem karışımı, limon kabuğu rendesi ve sarımsak karışımını kaseye ekleyin. karışım. Zeytinyağı ve sirkeyi karıştırıp bir kenara koyun. Ana yemeğin yanında servis yapın.

Karnabahar ve Brokoli Çorbası

Hazırlama süresi + pişirme süresi: 70 dakika | Yemekler: 2

İçindekiler:

1 orta boy karnabahar, küçük çiçeklere ayrılmış

Yarım kilo brokoli, küçük çiçeklere bölünmüş

1 yeşil biber, doğranmış

1 soğan, doğranmış

1 çay kaşığı zeytinyağı

1 diş sarımsak, ezilmiş

½ su bardağı sebze suyu

½ su bardağı yağsız süt

talimat:

Bir su banyosu yapın, içine Sous Vide koyun ve 185F'ye ayarlayın.

Karnabaharı, brokoliyi, biberi ve beyaz soğanı vakumlu poşete koyup üzerine zeytinyağını dökün. Suyunu sıkarak havasını alın ve poşeti kapatın. Torbayı su banyosuna batırın. Zamanlayıcıyı 50 dakikaya ayarlayın ve pişirin.

Zamanlayıcı durduğunda torbayı çıkarın ve açın. Sebzeleri bir karıştırıcıya yerleştirin, sarımsak ve sütü ekleyin ve pürüzsüz hale gelinceye kadar karıştırın.

Tencereyi orta ateşe koyun, sebze püresini ve sebze bazını ekleyip 3 dakika pişirin. Tuz ve karabiberle tatlandırın. Ana yemeğin yanında sıcak olarak servis yapın.

Nane tereyağlı bezelye

Hazırlama süresi + pişirme süresi: 25 dakika | Yemekler: 2

İçindekiler:

1 yemek kaşığı tereyağı

½ bardak kar bezelyesi

1 yemek kaşığı nane yaprağı, doğranmış

Bir tutam tuz

Tadımlık şeker

talimat:

Bir su banyosu yapın, içine Sous Vide koyun ve 183 F'ye ayarlayın. Tüm malzemeleri vakumla kapatılabilen bir torbaya koyun. Suyu hareket ettirerek havayı serbest bırakın, kapatın ve banyoya daldırın. 15 dakika pişirin.

Zamanlayıcı durduğunda torbayı çıkarın ve açın. Malzemeleri servis tabağına alın. Çeşni olarak servis yapın.

Tatlı şurupta Brüksel lahanası

Hazırlama süresi + pişirme süresi: 75 dakika | Yemekler: 3

İçindekiler:

4 pound Brüksel lahanası, ikiye bölünmüş

3 yemek kaşığı zeytinyağı

¾ bardak balık sosu

3 yemek kaşığı su

2 yemek kaşığı şeker

1 ½ yemek kaşığı pirinç sirkesi

2 çay kaşığı limon suyu

3 kırmızı biber, ince dilimlenmiş

2 diş sarımsak, doğranmış

talimat:

Benmari yapın, içine Sous Vide'ı yerleştirin ve 183 F'ye ayarlayın. Brüksel lahanalarını, tuzu ve yağı vakumlu bir torbaya dökün, suyu çıkararak havasını alın, kapatın ve torbayı su banyosuna daldırın . Zamanlayıcıyı 50 dakikaya ayarlayın.

Zamanlayıcı durduğunda poşeti çıkarın, açın ve Brüksel lahanalarını parşömen kağıdıyla kaplı bir fırın tepsisine aktarın.

Izgarayı yüksek ısıya getirin, fırın tepsisini üzerine yerleştirin ve 6 dakika pişirin. Brüksel lahanalarını bir kasede birleştirin.

Sosu hazırlayın: Belirtilen malzemelerin geri kalanını kaseye ekleyin ve karıştırın. Sosu Brüksel lahanalarına ekleyin ve eşit şekilde karıştırın. Ana yemeğin yanında servis yapın.

Otlu peynirli turp

Hazırlama süresi + pişirme süresi: 1sa15 | Yemekler: 3

İçindekiler:

10 ons keçi peyniri

4 ons krem peynir

¼ fincan kırmızı biber, öğütülmüş

3 yemek kaşığı pesto

3 çay kaşığı limon suyu

2 yemek kaşığı maydanoz

2 diş sarımsak

9 büyük turp, dilimlenmiş.

talimat:

Bir su banyosu yapın, içine Sous Vide'yi yerleştirin ve 181 F'ye ayarlayın. Turp dilimlerini vakumlu bir torbaya koyun, havasını boşaltın ve kapatın. Torbayı su banyosuna batırın ve zamanlayıcıyı 1 saate ayarlayın.

Geriye kalan malzemeleri bir kapta karıştırıp poşete dökün. Kenara koymak. Zamanlayıcı durduğunda torbayı çıkarın ve açın. Turp dilimlerini servis tabağına dizin ve her dilimin üzerine peynir karışımını dökün. Atıştırmalık olarak servis yapın.

Balzamik Lahana Yahnisi

Hazırlama süresi + pişirme süresi: 1sa45 | Yemekler: 3

İçindekiler:

1 pound kırmızı lahana, dörde bölünmüş ve çekirdeği çıkarılmış

1 arpacık soğanı, ince dilimlenmiş

2 diş sarımsak, ince dilimlenmiş

½ yemek kaşığı balzamik sirke

½ yemek kaşığı tuzsuz tereyağı

Tatmak için tuz

talimat:

Benmari yapın, içine Sous Vide'ı yerleştirin ve 185 F'ye ayarlayın. Lahanayı ve geri kalan malzemeleri vakumla kapatılabilen 2 torbaya bölün. Suyunu sıkarak havasını çıkarın ve poşetleri kapatın. Bunları bir su banyosuna yerleştirin ve zamanlayıcıyı 1 saat 30 dakika pişecek şekilde ayarlayın.

Saat durduğunda poşetleri çıkarıp açın. Lahanayı suyuyla birlikte servis tabaklarına yerleştirin. Tuz ve sirke ile tatlandırın. Ana yemeğin yanında servis yapın.

Kızarmış domates

Hazırlama süresi + pişirme süresi: 45 dakika | Yemekler: 3

İçindekiler:

4 su bardağı kiraz domates

5 yemek kaşığı zeytinyağı

½ yemek kaşığı taze biberiye yaprağı, doğranmış

½ yemek kaşığı taze kekik yaprağı, doğranmış

Tatmak için tuz ve karabiber

talimat:

Bir su banyosu yapın, vakumlayın ve 131 F'ye ayarlayın. Listelenen malzemeleri 2 vakumlu torbaya bölün, tuz ve karabiber ekleyin. Suyunu sıkarak havasını çıkarın ve poşetleri kapatın. Onları bir su banyosuna daldırın ve zamanlayıcıyı 30 dakikaya ayarlayın.

Saat durduğunda poşetleri çıkarın ve açın. Domatesleri ve suyunu bir kaseye aktarın. Ana yemeğin yanında servis yapın.

Ratatouille

Hazırlama süresi + pişirme süresi: 2sa10 | Yemekler: 3

İçindekiler:

2 kabak, dilimlenmiş

2 domates, doğranmış

2 kırmızı biber, çekirdekleri çıkarılmış ve 2 inçlik küpler halinde kesilmiş

1 küçük patlıcan, dilimlenmiş

1 soğan, 1 inçlik küpler halinde kesilmiş

Tatmak için tuz

½ kırmızı biber gevreği

8 diş sarımsak, ezilmiş

2 ½ yemek kaşığı zeytinyağı

5 dal + 2 dal fesleğen yaprağı

talimat:

Benmari yapın, içine Sous Vide koyun ve 185 F'ye ayarlayın. Domatesleri, kabakları, soğanları, biberleri ve patlıcanları 5 ayrı vakumlu torbaya koyun. Her torbaya sarımsak, fesleğen yaprağı ve 1 yemek kaşığı zeytinyağı koyun. Suyu hareket ettirerek havayı serbest bırakın, torbaları kapatın ve su banyosuna daldırın ve zamanlayıcıyı 20 dakikaya ayarlayın.

Zamanlayıcı durduğunda domates torbasını çıkarın. Kenara koymak. Zamanlayıcıyı 30 dakikaya geri ayarlayın. Zamanlayıcı durduğunda kabak ve kırmızı biber poşetlerini çıkarın. Kenara koymak. Zamanlayıcıyı 1 saate geri ayarlayın.

Zamanlayıcı durduğunda kalan poşetleri çıkarın ve sarımsak ve fesleğen yapraklarını atın. Domatesleri kaseye ekleyin ve kaşıkla hafifçe ezin. Kalan sebzeleri doğrayıp domateslerin üzerine ekleyin. Tuz, kırmızı pul biber, kalan zeytinyağı ve fesleğen ile tatlandırın. Ana yemeğin yanında servis yapın.

Domates çorbası

Hazırlama süresi + pişirme süresi: 60 dakika | Yemekler: 3

İçindekiler:

2 kilo domates, ikiye bölünmüş

1 soğan, doğranmış

1 sap kereviz, doğranmış

3 yemek kaşığı zeytinyağı

1 yemek kaşığı domates püresi

Bir tutam şeker

1 defne yaprağı

talimat:

Bir su banyosu yapın, içine Sous Vide koyun ve 185 F'ye ayarlayın. Tuz hariç listelenen tüm malzemeleri bir kaseye koyun ve karıştırın. Bunları vakumlu bir torbaya koyun. Suyu değiştirerek havayı serbest bırakın, kapatın ve torbayı bir su banyosuna daldırın. Zamanlayıcıyı 40 dakikaya ayarlayın.

Zamanlayıcı durduğunda torbayı çıkarın ve açın. Malzemeleri bir blender ile karıştırın. Domates karışımını bir tencereye dökün ve orta ateşte koyun. Tuzla tatlandırıp 10 dakika pişirin. Çorbayı kaselere paylaştırıp soğumaya bırakın. Düşük karbonhidratlı ekmekle sıcak servis yapın.

Buharda pişmiş pancar

Hazırlama süresi + pişirme süresi: 1sa15 | Yemekler: 3

İçindekiler:

2 pancar, soyulmuş ve 1 cm'lik parçalar halinde kesilmiş

⅓ bardak balzamik sirke

½ çay kaşığı zeytinyağı

⅓ bardak kavrulmuş fındık

⅓ su bardağı rendelenmiş Grana Padano peyniri

Tatmak için tuz ve karabiber

talimat:

Bir su banyosu yapın, içine Sous Vide'yi yerleştirin ve 183 F'ye ayarlayın. Pancar, sirke ve tuzu vakumlu bir torbaya koyun. Suyu değiştirerek havayı serbest bırakın, kapatın ve torbayı bir su banyosuna daldırın. Zamanlayıcıyı 1 saate ayarlayın.

Zamanlayıcı durduğunda torbayı çıkarın ve açın. Pancarları bir kaseye koyun, zeytinyağını ekleyin ve karıştırın. Fındık ve peynir serpin. Ana yemeğin yanında servis yapın.

Patlıcanlı lazanya

Hazırlama süresi + pişirme süresi: 3 saat | Yemekler: 3

İçindekiler:

1 kiloluk patlıcan, soyulmuş ve ince dilimlenmiş

1 çay kaşığı tuz

1 bardak domates sosu, 3'e bölünmüş

2 ons taze mozzarella, ince dilimlenmiş

1 ons rendelenmiş parmesan

2 ons harmanlanmış İtalyan peyniri, rendelenmiş

3 yemek kaşığı taze fesleğen, doğranmış

<u>Bandaj:</u>

½ yemek kaşığı macadamia fıstığı, kızartılmış ve doğranmış

1 ons rendelenmiş parmesan

1 ons harmanlanmış İtalyan peyniri, rendelenmiş

talimat:

Benmari yapın, Sous Vide'a koyun ve 183 F'ye ayarlayın. Patlıcanı tuzla baharatlayın. Açılıp kapanabilir poşeti ayırın, patlıcanların yarısını katlayın, bir porsiyon domates sosu sürün, mozzarella peyniri, ardından parmesan, ardından peynir karışımı ve son olarak fesleğen ile süsleyin. Domates sosunun başka bir kısmını dökün.

Torbayı, suyu mümkün olduğu kadar düz tutarak dikkatlice kapatın. Torbayı düz bir şekilde su banyosuna batırın. Zamanlayıcıyı 2 saate ayarlayın ve pişirin. Patlıcanlar pişerken gaz çıkardığı için ilk 30 dakikada 2-3 kez söndürün.

Zamanlayıcı durduğunda, torbayı dikkatlice çıkarın ve sıvının torbadan çıkması için bir çekiç kullanarak torbanın bir köşesine vurun. Torbayı düz bir şekilde servis tabağına koyun, üst kısmını kesin ve lazanyayı yavaşça tabağa bastırın. Üzerine kalan domates sosunu, macadamia fıstıklarını, peynir karışımını ve Parmesanı ekleyin. Peyniri eritip ateşte kavurun.

Mantar çorbası

Hazırlama süresi + pişirme süresi: 50 dakika | Yemekler: 3

İçindekiler:

1 kilo karışık mantar

2 soğan, doğranmış

3 diş sarımsak

2 dal maydanoz, doğranmış

2 yemek kaşığı kekik tozu

2 yemek kaşığı zeytinyağı

2 bardak krema

2 su bardağı sebze suyu

talimat:

Bir su banyosu yapın, içine Sous Vide'ı yerleştirin ve 185 F'ye ayarlayın. Mantarları, soğanları ve kerevizleri vakumlu bir torbaya koyun. Suyu değiştirerek havayı serbest bırakın, kapatın ve torbayı bir su banyosuna daldırın. Zamanlayıcıyı 30 dakikaya ayarlayın. Zamanlayıcı durduğunda torbayı çıkarın ve açın.

Torbadaki malzemeleri bir karıştırıcıda birleştirin. Tavayı orta ateşe koyun, zeytinyağını ekleyin. Isınmaya başlayınca sıkılmış mantarları ve krema dışındaki diğer malzemeleri ekleyin. 10 dakika pişirin. Ateşi kapatıp kremayı ekleyin. İyice karıştırıp servis yapın.

Vejetaryen Parmesanlı Risotto

Hazırlama süresi + pişirme süresi: 65 dakika | Yemekler: 5

İçindekiler:

2 su bardağı arborio pirinci

½ bardak sade beyaz pirinç

1 su bardağı sebze suyu

1 bardak su

6-8 ons rendelenmiş Parmesan

1 soğan, doğranmış

1 yemek kaşığı tereyağı

Tatmak için tuz ve karabiber

talimat:

Benmari hazırlayın ve vakuma yerleştirin. 185 F'ye ayarlayın. Tereyağını bir tavada orta ateşte eritin. Soğanı, pirinci ve baharatları ekleyip birkaç dakika kavurun. Vakumlu bir torbaya aktarın. Suyu değiştirerek havayı serbest bırakın, kapatın ve torbayı bir su banyosuna daldırın. Zamanlayıcıyı 50 dakikaya ayarlayın. Zamanlayıcı durduğunda poşeti çıkarın ve parmesanla karıştırın.

Yeşil çorba

Hazırlama süresi + pişirme süresi: 55 dakika | Yemekler: 3

İçindekiler:

4 su bardağı sebze suyu

1 yemek kaşığı zeytinyağı

1 diş sarımsak, ezilmiş

1 inç zencefil, dilimlenmiş

1 çay kaşığı toz kişniş

1 büyük kabak, doğranmış

3 bardak lahana

2 bardak brokoli, çiçeklerine ayrılmış

1 limon, sıkılmış ve soyulmuş

talimat:

Bir su banyosu yapın, içine Sous Vide'yi yerleştirin ve 185 F'ye ayarlayın. Brokoli, kabak, lahana ve maydanozu vakumlu bir torbaya koyun. Suyu değiştirerek havayı serbest bırakın, kapatın ve torbayı bir su banyosuna daldırın. Zamanlayıcıyı 30 dakikaya ayarlayın.

Zamanlayıcı durduğunda torbayı çıkarın ve açın. Pişmiş malzemeleri sarımsak ve zencefille birlikte karıştırıcıya ekleyin. Pürüzsüz bir püre haline getirin. Yeşil püreyi tencereye dökün ve geri kalan belirtilen malzemeleri ekleyin. Tavayı orta ateşe koyun ve 10 dakika pişirin. Ana yemeğin yanında servis yapın.

Karışık Sebze Çorbası

Hazırlama süresi + pişirme süresi: 55 dakika | Yemekler: 3

İçindekiler:

1 tatlı soğan, dilimlenmiş
1 çay kaşığı sarımsak tozu
2 su bardağı kabak, doğranmış
3 ons parmesan kabuğu
2 su bardağı bebek ıspanak
2 yemek kaşığı zeytinyağı
1 çay kaşığı kırmızı biber
2 su bardağı sebze suyu
1 dal biberiye
Tatmak için tuz

talimat:

Bir su banyosu yapın, içine Sous Vide'ı yerleştirin ve 185 F'ye ayarlayın. Sarımsak ve tuz dışındaki tüm malzemeleri zeytinyağıyla karıştırıp hava geçirmez bir sous vide torbasına koyun. Suyu değiştirerek havayı serbest bırakın, kapatın ve torbayı bir su banyosuna daldırın. Zamanlayıcıyı 30 dakikaya ayarlayın.

Zamanlayıcı durduğunda torbayı çıkarın ve açın. Biberiyeyi atın. Kalan malzemeleri tencereye dökün ve tuz ve sarımsak tozunu ekleyin. Tavayı orta ateşe koyun ve 10 dakika pişirin. Ana yemeğin yanında servis yapın.

Füme kırmızı biberli vejetaryen wontonlar

Hazırlama süresi + pişirme süresi: 5 saat 15 dakika | Yiyecek: 9)

İçindekiler:

10 oz wonton ambalajı

Seçtiğiniz 10 ons sebze, doğranmış

2 yumurta

1 çay kaşığı zeytinyağı

½ çay kaşığı biber tozu

½ çay kaşığı füme kırmızı biber

½ çay kaşığı sarımsak tozu

Tatmak için tuz ve karabiber

talimat:

Benmari hazırlayın ve vakuma koyun. 165F'ye ayarlayın.

Yumurtaları baharatlarla çırpın. Sebzeleri ve yağı karıştırın. Karışımı vakumlu poşete dökün. Suyu değiştirerek havayı serbest bırakın, kapatın ve torbayı bir su banyosuna daldırın. Zamanlayıcıyı 5 saate ayarlayın.

Zamanlayıcı durduğunda torbayı çıkarın ve bir kaseye aktarın. Karışımı mantıların arasına paylaştırın, yuvarlayın ve kenarlarını kapatacak şekilde kapatın. Kaynar suda orta ateşte 4 dakika pişirin.

Kinoa ve kereviz misosu

Hazırlama süresi + pişirme süresi: 2sa25 | Yemekler: 6

İçindekiler

1 kereviz, doğranmış

1 yemek kaşığı miso ezmesi

6 diş sarımsak

5 dal kekik

1 çay kaşığı soğan tozu

3 yemek kaşığı ricotta peyniri

1 yemek kaşığı hardal tohumu

¼ büyük limon suyu

5 adet kiraz domates, kabaca doğranmış

Kıyılmış maydanoz

8 ons vegan tereyağı

8 ons pişmiş kinoa

Talimat

Benmari hazırlayın ve vakuma yerleştirin. 186F'ye ayarlayın.

Bu arada tavayı orta ateşte ısıtın ve sarımsak, kekik ve hardal tohumlarını ekleyin. Yaklaşık 2 dakika pişirin. Tereyağını ekleyin ve altın kahverengi olana kadar karıştırın. Soğan tozuyla karıştırıp bir kenara koyun. Oda sıcaklığına soğumaya bırakın. Sebzeleri vakumlu poşete koyun. Suyu değiştirerek havayı serbest bırakın, kapatın ve torbayı bir su banyosuna daldırın. 2 saat pişirin.

Zamanlayıcı durduğunda poşeti çıkarıp tencereye aktarın ve altın kahverengi olana kadar karıştırın. Misoyu baharatlayın. Kenara koymak. Tavayı orta ateşte ısıtın ve domates, hardal ve kinoayı ekleyin. Limon suyu ve maydanozla karıştırın. Yeşil sebzeler ve domates karışımıyla servis yapın.

Turp ve Fesleğen Salatası

Hazırlama süresi + pişirme süresi: 50 dakika | Yemekler: 2

İçindekiler:

20 küçük turp, dilimlenmiş

1 yemek kaşığı beyaz şarap sirkesi

¼ bardak doğranmış fesleğen

½ su bardağı beyaz peynir

1 çay kaşığı şeker

1 yemek kaşığı su

¼ çay kaşığı tuz

talimat:

Benmari hazırlayın ve vakuma yerleştirin. 200 F'ye ayarlayın. Turpları açılıp kapanabilir büyük bir torbaya koyun ve sirke, şeker, tuz ve suyu ekleyin. Onları birlikte sallayın. Suyu hareket ettirerek havayı serbest bırakın, kapatın ve bir su banyosuna daldırın. 30 dakika pişirin. Zamanlayıcı durduğunda torbayı çıkarın ve buz banyosunda soğumasını bekleyin. Sıcak servis yapın. Fesleğen ve beyaz peynir serpilerek servis yapın.

Biber karışımı

Hazırlama süresi + pişirme süresi: 35 dakika | Yemekler: 2

İçindekiler:

1 kırmızı biber, doğranmış

1 sarı biber, doğranmış

1 yeşil biber, doğranmış

1 büyük portakal biberi, doğranmış

Tatmak için tuz

talimat:

Bir su banyosu yapın, içine Sous Vide koyun ve 183 F'ye ayarlayın. Bütün biberleri tuzla birlikte vakumlu bir torbaya koyun. Suyu hareket ettirerek havayı serbest bırakın, kapatın ve bir su banyosuna daldırın. Zamanlayıcıyı 15 dakikaya ayarlayın. Zamanlayıcı durduğunda torbayı çıkarın ve açın. Biberleri yanında meyve suyuyla servis edin.

Kişniş Zerdeçal Quinoa

Hazırlama + pişirme süresi: 105 dakika | Yemekler: 6

İçindekiler:

3 bardak kinoa

2 bardak ağır krema

½ bardak su

3 yemek kaşığı kişniş yaprağı

2 çay kaşığı zerdeçal tozu

1 yemek kaşığı tereyağı

½ çay kaşığı tuz

talimat:

Benmari hazırlayın ve vakuma yerleştirin. 180F'ye ayarlayın.

Tüm malzemeleri vakumlu bir torbaya koyun. İyice karıştırmak için karıştırın. Suyu değiştirerek havayı serbest bırakın, kapatın ve torbayı bir su banyosuna daldırın. Zamanlayıcıyı 90 dakikaya ayarlayın. Zamanlayıcı durduğunda torbayı çıkarın. Sıcak servis yapın.

Kekikli beyaz fasulye

Hazırlama süresi + pişirme süresi: 5 saat 15 dakika | Yemekler: 8

İçindekiler:

12 ons beyaz fasulye

1 su bardağı domates salçası

8 ons sebze suyu

1 yemek kaşığı şeker

3 yemek kaşığı tereyağı

1 su bardağı doğranmış soğan

1 biber, doğranmış

1 yemek kaşığı kekik

2 çay kaşığı kırmızı biber

talimat:

Benmari hazırlayın ve vakuma yerleştirin. 185F'ye ayarlayın.

Tüm malzemeleri vakumlu poşette karıştırın. Birleştirmek için karıştırın. Suyu değiştirerek havayı serbest bırakın, kapatın ve torbayı bir su banyosuna daldırın. Zamanlayıcıyı 5 saate ayarlayın. Zamanlayıcı durduğunda torbayı çıkarın. Sıcak servis yapın.

Patates ve hurma salatası

Hazırlama süresi + pişirme: 3h15 | Yemekler: 6

İçindekiler:

2 pound patates, doğranmış

5 ons doğranmış hurma

½ su bardağı ufalanmış keçi peyniri

1 çay kaşığı kekik

1 yemek kaşığı zeytinyağı

1 yemek kaşığı limon suyu

3 yemek kaşığı tereyağı

1 çay kaşığı kişniş

1 çay kaşığı tuz

1 yemek kaşığı kıyılmış maydanoz

¼ çay kaşığı sarımsak tozu

talimat:

Benmari hazırlayın ve vakuma yerleştirin. 190F'ye ayarlayın.

Patatesleri, tereyağını, hurmaları, kekiği, kişnişi ve tuzu vakumlu poşete koyun. Suyu değiştirerek havayı serbest bırakın, kapatın ve torbayı bir su banyosuna daldırın. Zamanlayıcıyı 3 saate ayarlayın.

Zamanlayıcı durduğunda torbayı çıkarın ve bir kaseye aktarın. Zeytinyağı, limon suyu, maydanoz ve sarımsak tozunu karıştırıp salatanın üzerine gezdirin. Peynir kullanıyorsanız üzerine serpin.

Biberler

Hazırlama süresi + pişirme süresi: 3h10 | Yemekler: 4

İçindekiler:

10 ons irmik

4 yemek kaşığı tereyağı

1 ½ çay kaşığı kırmızı biber

10 ons su

½ çay kaşığı sarımsak tuzu

talimat:

Benmari hazırlayın ve vakuma yerleştirin. 180F'ye ayarlayın.

Tüm malzemeleri vakumlu bir torbaya koyun. İyice birleşene kadar bir kaşıkla karıştırın. Suyu değiştirerek havayı serbest bırakın, kapatın ve torbayı bir su banyosuna daldırın. Zamanlayıcıyı 3 saate ayarlayın. Zamanlayıcı durduğunda torbayı çıkarın. 4 servis kasesine paylaştırın.

Üzüm sebze karışımı

Hazırlama süresi + pişirme süresi 105 dakika | Yiyecek: 9)

İçindekiler:

8 tatlı patates, dilimlenmiş

2 kırmızı soğan, dilimlenmiş

4 ons domates, püre haline getirilmiş

1 çay kaşığı kıyılmış sarımsak

Tatmak için tuz ve karabiber

1 çay kaşığı üzüm suyu

talimat:

Benmari hazırlayın ve vakuma yerleştirin. 183 F'ye ayarlayın. Tüm malzemeleri ¼ bardak suyla birlikte vakumla kapatılabilen bir torbaya koyun. Suyu değiştirerek havayı serbest bırakın, kapatın ve torbayı bir su banyosuna daldırın. Zamanlayıcıyı 90 dakikaya ayarlayın. Zamanlayıcı durduğunda torbayı çıkarın. Sıcak servis yapın.

Nohut ve mantarlı nane yemeği

Hazırlama süresi + pişirme süresi: 4h15 | Yemekler: 8

İçindekiler:

9 ons mantar

3 su bardağı sebze suyu

1 kiloluk nohut, bir gece önceden ıslatılmış ve süzülmüş

1 çay kaşığı tereyağı

1 çay kaşığı kırmızı biber

1 yemek kaşığı hardal

2 yemek kaşığı domates suyu

1 çay kaşığı tuz

¼ bardak kıyılmış nane

1 yemek kaşığı zeytinyağı

talimat:

Benmari hazırlayın ve vakuma yerleştirin. 195 F'ye ayarlayın. Çorbayı ve nohutları vakumlu bir torbaya koyun. Suyu değiştirerek havayı serbest bırakın, kapatın ve torbayı bir su banyosuna daldırın. Zamanlayıcıyı 4 saate ayarlayın.

Zamanlayıcı durduğunda torbayı çıkarın. Yağı bir tavada orta ateşte ısıtın. Mantarları, domates suyunu, kırmızı biberi, tuzu ve hardalı ekleyin. 4 dakika pişirin. Nohutları süzüp tavaya ekleyin. 4 dakika daha pişirin. Tereyağı ve naneyi ekleyin.

Sebze kaponatası

Hazırlama süresi + pişirme: 2sa15 | Yemekler: 4

İçindekiler:

4 konserve domates, ezilmiş

2 biber, dilimlenmiş

2 kabak, dilimlenmiş

½ doğranmış soğan

2 patlıcan, dilimlenmiş

6 diş sarımsak, doğranmış

2 yemek kaşığı zeytinyağı

6 fesleğen yaprağı

Tatmak için tuz ve karabiber

talimat:

Benmari hazırlayın ve vakuma yerleştirin. 185 F'ye ayarlayın. Tüm malzemeleri vakumlu bir torbada birleştirin. Suyu değiştirerek havayı serbest bırakın, kapatın ve torbayı bir su banyosuna daldırın. Zamanlayıcıyı 2 saate ayarlayın. Zamanlayıcı durduğunda servis tabağına aktarın.

Pazı ve limonlu güveç

Hazırlama süresi + pişirme süresi: 25 dakika | Yemekler: 2

2 kilo İsviçre pazı

4 yemek kaşığı sızma zeytinyağı

2 diş sarımsak, ezilmiş

1 bütün limon, sıkılmış

2 yemek kaşığı deniz tuzu

talimat:

İsviçre pazısını iyice durulayın ve bir kevgir içinde süzülmesine izin verin. Keskin bir bıçakla kabaca doğrayıp geniş bir kaseye aktarın. 4 yemek kaşığı zeytinyağı, ezilmiş sarımsak, limon suyu ve deniz tuzunu karıştırın. Büyük bir vakum poşetine aktarın ve kapatın. Sous vide'yi 180 derecede 10 dakika pişirin.

Kök sebze püresi

Hazırlama süresi + pişirme: 3h15 | Yemekler: 4

İçindekiler:

2 yaban havucu, soyulmuş ve doğranmış

1 şalgam soyulmuş ve doğranmış

1 büyük tatlı patates, soyulmuş ve dilimlenmiş

1 yemek kaşığı tereyağı

Tatmak için tuz ve karabiber

Bir tutam hindistan cevizi

¼ çay kaşığı kekik

talimat:

Benmari hazırlayın ve vakuma yerleştirin. 185 F'ye ayarlayın. Sebzeleri vakumlu bir torbaya koyun. Suyu hareket ettirerek havayı serbest bırakın, kapatın ve bir su banyosuna daldırın. 3 saat pişirin. İşiniz bittiğinde poşeti çıkarın ve sebzeleri patates eziciyle ezin. Malzemelerin geri kalanını ekleyin.

Domates soslu lahana ve biber

Hazırlama + pişirme süresi: 4h45 | Yemekler: 6

İçindekiler:

2 kilo lahana, doğranmış

1 su bardağı doğranmış kırmızı biber

1 su bardağı domates salçası

2 soğan, dilimlenmiş

1 yemek kaşığı şeker

Tatmak için tuz ve karabiber

1 yemek kaşığı kişniş

1 yemek kaşığı zeytinyağı

talimat:

Benmari hazırlayın ve vakuma yerleştirin. 184F'ye ayarlayın.

Lahanayı ve soğanı vakumlu poşete koyun ve baharatlarla baharatlayın. Domates salçasını ekleyin ve birleştirmek için karıştırın. Suyu değiştirerek havayı serbest bırakın, kapatın ve torbayı bir su banyosuna daldırın. Zamanlayıcıyı 4 saat 30 dakikaya ayarlayın. Zamanlayıcı durduğunda torbayı çıkarın.

Bir tabak mercimek ve domates

Hazırlama + pişirme süresi: 105 dakika | Yemekler: 8

İçindekiler:

2 su bardağı mercimek

1 kutu soyulmamış ezilmiş domates

1 su bardağı yeşil bezelye

3 su bardağı sebze suyu

3 bardak su

1 soğan, doğranmış

1 havuç, doğranmış

1 yemek kaşığı tereyağı

2 yemek kaşığı hardal

1 çay kaşığı kırmızı biber

2 yemek kaşığı limon suyu

Tatmak için tuz ve karabiber

talimat:

Benmari hazırlayın ve vakuma yerleştirin. 192 F'ye ayarlayın. Tüm malzemeleri büyük, hava geçirmez bir torbaya koyun. Suyu hareket ettirerek havayı serbest bırakın, kapatın ve banyoya daldırın. 90 dakika pişirin. Zamanlayıcı durduğunda poşeti çıkarın ve büyük bir kaseye aktarın ve servis etmeden önce fırlatın.

Biber ve kuru üzümlü pirinç pilavı

Hazırlama süresi + pişirme süresi: 3h10 | Yemekler: 6

İçindekiler:

2 su bardağı beyaz pirinç

2 su bardağı sebze suyu

⅔ bardak su

3 yemek kaşığı doğranmış kuru üzüm

2 yemek kaşığı ekşi krema

½ su bardağı doğranmış kırmızı soğan

1 biber, doğranmış

Tatmak için tuz ve karabiber

1 çay kaşığı kekik

talimat:

Benmari hazırlayın ve vakuma yerleştirin. 180F'ye ayarlayın.

Tüm malzemeleri vakumlu bir torbaya koyun. İyice karıştırmak için karıştırın. Suyu değiştirerek havayı serbest bırakın, kapatın ve torbayı bir su banyosuna daldırın. Zamanlayıcıyı 3 saate ayarlayın. Zamanlayıcı durduğunda torbayı çıkarın. Sıcak servis yapın.

Kimyonlu yoğurt çorbası

Hazırlama süresi + pişirme süresi: 2sa20 | Yemekler: 4

İçindekiler

1 yemek kaşığı zeytinyağı

1½ çay kaşığı kimyon tohumu

1 orta boy soğan, doğranmış

1 pırasayı soyup ince ince dilimleyin

Tatmak için tuz

2 kilo doğranmış havuç

1 defne yaprağı

3 su bardağı sebze suyu

½ su bardağı tam yağlı yoğurt

elma sirkesi

Taze dereotu yaprakları

Talimat

Benmari hazırlayın ve vakuma koyun. 186 F'ye ayarlayın. Zeytinyağını büyük bir tavada orta ateşte ısıtın ve kimyon tohumlarını ekleyin. 1 dakika kadar kızartın. Soğanı, tuzu ve pırasayı ekleyip yumuşayana kadar 5-7 dakika pişirin. Büyük bir kapta soğanı, defne yaprağını, havucu ve 1/2 çay kaşığı tuzu birleştirin.

Karışımı vakumlu poşete paylaştırın. Suyu değiştirerek havayı serbest bırakın, kapatın ve torbayı bir su banyosuna daldırın. 2 saat pişirin.

Zamanlayıcı durduğunda torbayı çıkarın ve bir kaseye dökün. Sebze suyunu ekleyin ve karıştırın. Yoğurt ekleyin. Çorbayı tuz ve sirkeyle tatlandırıp dereotu yapraklarıyla süsleyerek servis yapın.

Tereyağlı Yaz Kabağı

Hazırlama süresi + pişirme süresi: 1sa35 | Yemekler: 4

İçindekiler

2 yemek kaşığı tereyağı

¾ su bardağı doğranmış soğan

1½ kilogram yaz balkabağı, dilimlenmiş

Tatmak için tuz ve karabiber

½ bardak tam yağlı süt

2 büyük bütün yumurta

½ bardak ezilmiş sade cips

Talimat

Benmari hazırlayın ve vakuma koyun. 175F'ye ayarla

Bu arada birkaç bardağı yağlayın. Büyük bir tavayı orta ateşte ısıtın ve tereyağını eritin. Soğanı ekleyip 7 dakika soteleyin. Balkabağını ekleyin, tuz ve karabiberle tatlandırın ve 10 dakika pişirin. Karışımı bardaklara paylaştırın. Soğumaya bırakın ve bir kenara koyun.

Süt, tuz ve yumurtayı bir kapta karıştırın. Biberle tatlandırın. Karışımı bardaklara dökün, kapatın ve bardakları su banyosuna batırın. 60 dakika pişirin. Zamanlayıcı durduğunda kavanozları çıkarın ve 5 dakika soğumalarını bekleyin. Cipslerin üzerinde servis yapın.

Nektarinli Köri Chutney

Hazırlama süresi + pişirme süresi: 60 dakika | Yemekler: 3

İçindekiler

½ su bardağı toz şeker

½ bardak su

¼ bardak beyaz şarap sirkesi

1 diş sarımsak, doğranmış

¼ bardak beyaz soğan, ince doğranmış

1 misket limonunun suyu

2 çay kaşığı rendelenmiş taze zencefil

2 çay kaşığı köri

Bir tutam kırmızı biber gevreği

Tatmak için tuz ve karabiber

Tatmak için biber gevreği

4 büyük nektarin, halkalar halinde kesilmiş

¼ bardak doğranmış taze fesleğen

Talimat

Benmari hazırlayın ve vakuma koyun. 168F'ye ayarlayın.

Tavayı orta ateşte ısıtın ve su, şeker, beyaz şarap sirkesi ve sarımsağı birleştirin. Şeker yumuşayana kadar karıştırın. Limon suyu, soğan, köri tozu, zencefil ve kırmızı biber gevreğini ekleyin. Tuz ve karabiber ile tatlandırın. İyice karıştırın. Karışımı vakumlu bir torbaya koyun. Suyu değiştirerek havayı serbest bırakın, kapatın ve torbayı bir su banyosuna daldırın. 40 dakika pişirin.

Zamanlayıcı durduğunda torbayı çıkarın ve buz banyosuna yerleştirin. Yiyecekleri servis tabağına aktarın. Fesleğen ile süsleyin.

Biberiyeli Kahverengi Patates Reçeli

Hazırlama süresi + pişirme süresi: 1sa15 | Yemekler: 4

İçindekiler

1 pound zencefil patates, dilimlenmiş

Tatmak için tuz

¼ çay kaşığı öğütülmüş beyaz biber

1 çay kaşığı doğranmış taze biberiye

2 yemek kaşığı tam tereyağı

1 yemek kaşığı mısır yağı

Talimat

Benmari hazırlayın ve vakuma yerleştirin. 192 F'a ayarlayın. Patatesleri biberiye, tuz ve karabiberle tatlandırın. Patatesleri tereyağı ve sıvı yağla karıştırın. Vakumlu bir torbaya koyun. Suyu değiştirerek havayı serbest bırakın, kapatın ve torbayı bir su banyosuna daldırın. 60 dakika pişirin. Zamanlayıcı durduğunda torbayı çıkarın ve büyük bir kaseye aktarın. Üzerine tereyağı sürüp servis yapın.

Körili armut ve hindistan cevizi kreması

Hazırlama süresi + pişirme: 1sa10 | Yemekler: 4

İçindekiler

2 armut, bir avuç alın, soyun ve dilimler halinde kesin
1 yemek kaşığı köri tozu
2 yemek kaşığı hindistan cevizi kreması

Talimat

Benmari hazırlayın ve vakuma yerleştirin. 186F'ye ayarlayın.

Tüm malzemeleri karıştırın ve vakumlu bir torbaya koyun. Suyu değiştirerek havayı serbest bırakın, kapatın ve torbayı bir su banyosuna daldırın. 60 dakika pişirin. Zamanlayıcı durduğunda torbayı çıkarın ve büyük bir kaseye aktarın. Tabaklara dizip servis yapın.

Yumuşak brokoli ezmesi

Hazırlama süresi + pişirme: 2sa15 | Yemekler: 4

İçindekiler

1 baş brokoli, çiçeklere bölünmüş

½ çay kaşığı sarımsak tozu

Tatmak için tuz

1 yemek kaşığı tereyağı

1 yemek kaşığı ağır krema

Talimat

Benmari hazırlayın ve vakuma yerleştirin. 183 F'ye ayarlayın. Brokoli, tuz, sarımsak tozu ve kremayı karıştırın. Vakumlu bir torbaya koyun. Suyu değiştirerek havayı serbest bırakın, kapatın ve torbayı bir su banyosuna daldırın. 2 saat pişirin.

Zamanlayıcı durduğunda torbayı çıkarın ve titreşimi gerçekleştirmek için karıştırıcıya yerleştirin. Baharatlayın ve servis yapın.

Lezzetli tarihler ve mango turşusu

Hazırlama süresi + pişirme süresi: 1sa45 | Yemekler: 4

İçindekiler

2 kilo doğranmış mango

1 küçük soğan, doğranmış

½ su bardağı açık kahverengi şeker

¼ bardak hurma

2 yemek kaşığı elma sirkesi

2 yemek kaşığı taze sıkılmış limon suyu

1½ çay kaşığı sarı hardal

1½ çay kaşığı kişniş tohumu

Tatmak için tuz

¼ çay kaşığı köri tozu

¼ çay kaşığı kurutulmuş zerdeçal

⅛ çay kaşığı acı biber

Talimat

Benmari hazırlayın ve vakuma koyun. 183F'ye ayarlayın.

Tüm malzemeleri karıştırın. Vakumlu bir torbaya koyun. Suyu değiştirerek havayı serbest bırakın, kapatın ve torbayı bir su banyosuna daldırın. 90 dakika pişirin. Zamanlayıcı durduğunda poşeti çıkarın ve tencereye dökün.

Cevizli mandalina ve yeşil fasulye salatası

Hazırlama süresi + pişirme: 1sa10 | Yiyecek: 8)

İçindekiler

2 pound yeşil fasulye, dilimlenmiş

2 mandalina

2 yemek kaşığı tereyağı

Tatmak için tuz

2 ons ceviz

Talimat

Benmari hazırlayın ve vakuma yerleştirin. 186 F'ye ayarlayın. Yeşil fasulyeyi, tuzu ve tereyağını karıştırın. Vakumlu bir torbaya koyun. Mandalina kabuğu rendesini ve suyunu ekleyin. Suyu değiştirerek havayı serbest bırakın, kapatın ve torbayı bir su banyosuna daldırın. 1 saat pişirin. Zamanlayıcı durduğunda poşeti çıkarın ve servis tabağına aktarın. Üzerine mandalina kabuğu rendesi ve cevizi serpin.

Hindistan cevizi ile bezelye kreması

Hazırlama süresi + pişirme: 1sa10 | Yiyecek: 8)

İçindekiler

1 pound taze yeşil bezelye

1 su bardağı krem şanti

¼ fincan tereyağı

1 yemek kaşığı mısır nişastası

¼ çay kaşığı öğütülmüş hindistan cevizi

4 karanfil

2 adet defne yaprağı

Tatmak için karabiber

Talimat

Benmari hazırlayın ve vakuma yerleştirin. 184 F'ye ayarlayın. Mısır nişastasını, hindistan cevizini ve kremayı bir kasede birleştirin. Mısır nişastası yumuşayana kadar çırpın.

Karışımı vakumla kapatılmış bir torbaya koyun. Suyu değiştirerek havayı serbest bırakın, kapatın ve torbayı bir su banyosuna daldırın. 1 saat pişirin. Zamanlayıcı durduğunda poşeti çıkarın ve defne yaprağını atın. sert.

Basit Brokoli Püresi

Hazırlama süresi + pişirme süresi: 60 dakika | Yemekler: 4

İçindekiler

1 baş brokoli

1 su bardağı sebze suyu

3 yemek kaşığı tereyağı

Tatmak için tuz

Talimat

Benmari hazırlayın ve vakuma yerleştirin. 186F'ye ayarlayın.

Brokoli, tereyağı ve sebze suyunu karıştırın. Vakumlu bir torbaya koyun. Suyu değiştirerek havayı serbest bırakın, kapatın ve torbayı bir su banyosuna daldırın. 45 dakika pişirin.

Zamanlayıcı durduğunda torbayı çıkarın ve süzün. Pişirme sularını saklayın. Brokolileri blendera koyun ve pürüzsüz hale gelene kadar karıştırın. Biraz pişirme suyu dökün. Servis yapmadan önce tuz ve karabiber serpin.

Kırmızı biber ve brokoli çorbası

Hazırlama süresi + pişirme süresi: 1sa25 | Yiyecek: 8)

İçindekiler

2 yemek kaşığı zeytinyağı

1 büyük soğan, doğranmış

2 diş sarımsak, dilimlenmiş

Tatmak için tuz

⅛ çay kaşığı ezilmiş kırmızı biber gevreği

1 baş brokoli, çiçeklere bölünmüş

1 elma, soyulmuş ve doğranmış

6 su bardağı sebze suyu

Talimat

Benmari hazırlayın ve vakuma koyun. 183F'ye ayarlayın.

Parıldayana kadar orta ateşte yağ içeren bir tavayı ısıtın. Soğanı, 1/4 çay kaşığı tuzu ve sarımsağı 7 dakika soteleyin. Biber pullarını ekleyin ve iyice karıştırın. Ateşten alın. Soğumaya bıraktık.

Elma, brokoli, soğan ve 1/4 çay kaşığı tuz karışımını açılıp kapanabilir bir torbaya koyun. Suyu değiştirerek havayı serbest bırakın, kapatın ve torbayı bir su banyosuna daldırın. 1 saat pişirin.

Saat durduğunda poşeti çıkarın ve tencereye aktarın. Sebze suyunu dökün ve karıştırın. Tuzla tatlandırıp servis yapın.

Susam ve ballı miso biberli mısır

Hazırlama süresi + pişirme süresi: 45 dakika | Yemekler: 4

İçindekiler

4 kulak mısır

6 yemek kaşığı tereyağı

3 yemek kaşığı kırmızı miso ezmesi

1 çay kaşığı bal

1 çay kaşığı pul biber

1 yemek kaşığı kolza yağı

1 soğan, ince dilimlenmiş

1 çay kaşığı kavrulmuş susam

Talimat

Benmari hazırlayın ve vakuma yerleştirin. 183 F'ye ayarlayın. Mısırları soyun ve koçanlarını kesin. Her mısırı 2 yemek kaşığı tereyağıyla kaplayın. Vakumlu bir torbaya koyun. Suyu değiştirerek havayı serbest bırakın, kapatın ve torbayı bir su banyosuna daldırın. 30 dakika pişirin.

Bu arada 4 yemek kaşığı tereyağı, 2 yemek kaşığı miso ezmesi, bal, kanola yağı ve yenibaharı bir kapta birleştirin. İyice karıştırın. Kenara koymak. Saat durduğunda poşeti çıkarın ve mısırı pişirin. Miso karışımını üstüne yayın. Susam yağı ve capesanta ile süsleyin.

Kremalı bezelye gnocchi

Hazırlama süresi + pişirme süresi: 1sa50 | Yemekler: 2

İçindekiler

1 rulo gnocchi

1 yemek kaşığı tereyağı

½ tatlı soğan, ince dilimlenmiş

Tatmak için tuz ve karabiber

½ su bardağı dondurulmuş bezelye

¼ bardak ağır krema

½ bardak rendelenmiş Pecorino Romano peyniri

Talimat

Benmari hazırlayın ve vakuma yerleştirin. 183 F'ye ayarlayın. Gnocchi'yi vakumla kapatılabilen bir torbaya yerleştirin. Suyu değiştirerek havayı serbest bırakın, kapatın ve torbayı bir su banyosuna daldırın. 1 saat 30 pişirin.

Zamanlayıcı durduğunda torbayı çıkarın ve bir kenara koyun. Tereyağlı bir tavayı orta ateşte ısıtın ve soğanı 3 dakika soteleyin. Dondurulmuş bezelye ve kremayı ekleyip pişirin. Gnocchi'yi kremayla dökün, karabiber ve tuzla tatlandırın ve bir tabağa servis yapın.

Bal ve roka ile elma salatası

Hazırlama süresi + pişirme süresi: 3sa50 | Yemekler: 4

İçindekiler

2 yemek kaşığı bal

2 elma, bir avuç alın, ikiye bölün ve dilimler halinde kesin

½ bardak ceviz, kızartılmış ve doğranmış

½ su bardağı rendelenmiş Grana Padano peyniri

4 bardak roka

Tatmak için deniz tuzu

Elbise

¼ bardak zeytinyağı

1 yemek kaşığı beyaz şarap sirkesi

1 çay kaşığı Dijon hardalı

1 diş sarımsak, doğranmış

Tatmak için tuz

Talimat

Benmari hazırlayın ve vakuma yerleştirin. 158 F'ye ayarlayın. Balı bir cam kavanoza koyun ve 30 saniye ısıtın, elmaları ekleyin ve iyice karıştırın. Vakumlu bir torbaya koyun. Suyu değiştirerek havayı serbest bırakın, kapatın ve torbayı bir su banyosuna daldırın. 30 dakika pişirin.

Zamanlayıcı durduğunda torbayı çıkarın ve 5 dakika boyunca buzlu su banyosuna aktarın. Buzdolabına 3 saat koyun. Tüm salata malzemelerini bir bardakta birleştirin ve iyice çalkalayın. Bir süre buzdolabında soğumaya bırakın.

Roka, ceviz ve Grana Padano peynirini bir kasede karıştırın. Şeftali dilimlerini ekleyin. Salata sosunun üzerine dökün. Tuz ve karabiberle tatlandırdıktan sonra servis yapın.

Limon tereyağı soslu yengeç eti

Hazırlama süresi + pişirme süresi: 70 dakika | Yemekler: 4

İçindekiler

6 diş sarımsak, doğranmış

½ limon kabuğu rendesi ve suyu

1 pound yengeç eti

4 yemek kaşığı tereyağı

Talimat

Benmari hazırlayın ve vakuma yerleştirin. 137 F'ye ayarlayın. Sarımsağın yarısını, limon kabuğu rendesini ve limon suyunun yarısını iyice karıştırın. Kenara koymak. Yengeç eti, tereyağı ve limon karışımını açılıp kapanabilir bir torbaya koyun. Suyu değiştirerek havayı serbest bırakın, kapatın ve torbayı bir su banyosuna daldırın. 50 dakika pişirin. Zamanlayıcı durduğunda torbayı çıkarın. Pişirme suyunu boşaltın.

Tavayı orta ateşte ısıtın ve kalan tereyağını, kalan limon karışımını ve kalan limon suyunu ekleyin. Yengeçleri, üzerine limon yağı gezdirilmiş 4 adet ramekin içinde servis edin.

Kuzey tarafından hızlı bir somon

Hazırlama süresi + pişirme süresi: 30 dakika | Yemekler: 4

İçindekiler

1 yemek kaşığı zeytinyağı

4 adet derili somon filetosu

Tatmak için tuz ve karabiber

1 limonun kabuğu rendesi ve suyu

2 yemek kaşığı sarı hardal

2 yemek kaşığı susam yağı

Talimat

Benmari hazırlayın ve vakuma yerleştirin. 114 F'ye ayarlayın. Somonu tuz ve karabiberle tatlandırın. Limon kabuğu rendesi ve suyunu, yağı ve hardalı karıştırın. Somonu hardal karışımıyla birlikte 2 vakumlu torbaya koyun. Suyu sıkarak havayı çıkarın, kapatın ve poşetleri küvete batırın. 20 dakika pişirin. Susam yağını tavada ısıtın. Zamanlayıcı durduğunda somonu çıkarın ve kurulayın. Somonu tavaya aktarın ve her iki tarafını da 30 saniye pişirin.

Hardal ve tamari soslu lezzetli alabalık

Hazırlama süresi + pişirme süresi: 35 dakika | Yemekler: 4

İçindekiler

¼ bardak zeytinyağı

4 alabalık filetosu, derisiz ve dilimlenmiş

½ bardak Tamari sosu

¼ bardak açık kahverengi şeker

2 diş sarımsak, doğranmış

1 yemek kaşığı Coleman hardalı

Talimat

Benmari hazırlayın ve vakuma yerleştirin. 130 F'a ayarlayın. Tamari sosunu, esmer şekeri, zeytinyağını ve sarımsağı karıştırın. Alabalıkları tamari karışımıyla birlikte vakumlu bir torbaya koyun. Suyu değiştirerek havayı serbest bırakın, kapatın ve torbayı bir su banyosuna daldırın. 30 dakika pişirin.

Zamanlayıcı durduğunda alabalığı çıkarın ve bir bezle kurulayın. Pişirme suyunu boşaltın. Servis yapmak için tamari sosu ve hardalla süsleyin.

Susam ve zencefil soslu ton balığı

Hazırlama süresi + pişirme süresi: 45 dakika | Yemekler: 6

İçindekiler:

<u>Tuna:</u>

3 ton balığı bifteği

Tatmak için tuz ve karabiber

⅓ su bardağı zeytinyağı

2 yemek kaşığı kolza yağı

½ bardak siyah susam

½ bardak beyaz susam

<u>zencefil sosu:</u>

1 cm rendelenmiş zencefil

2 arpacık soğan, doğranmış

1 öğütülmüş kırmızı biber

3 yemek kaşığı su

2 ½ limon suyu

1 ½ yemek kaşığı pirinç sirkesi

2 ½ yemek kaşığı soya sosu

1 yemek kaşığı balık sosu

1 ½ çay kaşığı şeker

1 demet marul yaprağı

talimat:

Sosla başlayın: Küçük bir tencereyi kısık ateşte koyun ve zeytinyağını ekleyin. Sıcakken zencefil ve biberi ekleyin. 3 dakika pişirin. Şekeri ve sirkeyi ekleyin, karıştırın ve şeker eriyene kadar pişirin. Suyu ekleyip kaynatın. Soya sosunu, balık sosunu ve limon suyunu ekleyip 2 dakika pişirin. Soğumaya bırakın.

Bir su banyosu yapın, içine Sous Vide koyun ve 110 F'ye ayarlayın. Ton balığını tuz ve karabiberle tatlandırın ve 3 ayrı vakumlu torbaya koyun. Zeytinyağını ekleyin, suyu boşaltarak torbanın havasını söndürün, kapatın ve torbayı bir su banyosuna daldırın. Zamanlayıcıyı 30 dakikaya ayarlayın.

Zamanlayıcı durduğunda torbayı çıkarın ve açın. Ton balığını rezerve edin. Tavayı kısık ateşte yerleştirin ve kolza yağı ekleyin. Bir kapta ısıtırken susam tohumlarını ekleyin. Ton balığını kurutun, üzerine susam serpin ve kızgın yağda içleri ve dışları kızarana kadar kızartın.

Ton balığını ince şeritler halinde kesin. Tabağı salatayla örtün ve ton balığını marulun üzerine dizin. Başlangıç olarak zencefil sosuyla servis yapın.

Göksel Limonlu Sarımsaklı Yengeç Ruloları

Hazırlama süresi + pişirme süresi: 60 dakika | Yemekler: 4

İçindekiler

4 yemek kaşığı tereyağı

1 pound pişmiş yengeç eti

2 diş sarımsak, doğranmış

½ limonun kabuğu rendesi ve suyu

½ bardak mayonez

1 rezene soğanı, doğranmış

Tatmak için tuz ve karabiber

4 rulo, dilimlenmiş, yağlanmış ve ızgaralanmış

Talimat

Benmari hazırlayın ve vakuma yerleştirin. 137 F'ye ayarlayın. Sarımsak, limon kabuğu rendesi ve 1/4 bardak limon suyunu karıştırın. Yengeç etini tereyağı-limon karışımıyla birlikte vakumlu poşete koyun. Suyu değiştirerek havayı serbest bırakın, kapatın ve torbayı bir su banyosuna daldırın. 50 dakika pişirin.

Zamanlayıcı durduğunda torbayı çıkarın ve bir kaseye aktarın. Pişirme suyunu boşaltın. Yengeç etini kalan limon suyu, mayonez, rezene, dereotu, tuz ve karabiberle karıştırın. Servis yapmadan önce ruloları yengeç eti karışımıyla doldurun.

Limon soslu baharatlı kızarmış ahtapot

Hazırlama süresi + pişirme süresi: 4h15 | Yemekler: 4

İçindekiler

5 yemek kaşığı zeytinyağı

1 pound kalamar dokunaçları

Tatmak için tuz ve karabiber

2 yemek kaşığı limon suyu

1 yemek kaşığı limon kabuğu rendesi

1 yemek kaşığı kıyılmış taze maydanoz

1 çay kaşığı kekik

1 çay kaşığı kırmızı biber

Talimat

Benmari hazırlayın ve vakuma yerleştirin. 179 F'ye ayarlayın. Dokunaçları orta parçalara kesin. Tuz ve karabiberle tatlandırın. Uzunları zeytinyağıyla dolu bir vakum poşetine koyun. Suyu değiştirerek havayı serbest bırakın, kapatın ve torbayı bir su banyosuna daldırın. 4 saat pişirin.

Zamanlayıcı durduğunda ahtapotu çıkarın ve bir bezle kurulayın. Pişirme suyunu boşaltın. Zeytinyağı gezdirin.

Izgarayı orta ateşte önceden ısıtın ve dokunaçları her iki tarafta 10 ila 15 saniye kızartın. Kenara koymak. Limon suyu, limon kabuğu rendesi, kırmızı biber, kekik ve maydanozu iyice karıştırın. Ahtapotun üzerine limon sosunu dökün.

Creole karides şişleri

Hazırlama süresi + pişirme süresi: 50 dakika | Yemekler: 4

İçindekiler

1 limonun kabuğu rendesi ve suyu

6 yemek kaşığı tereyağı

2 diş sarımsak, doğranmış

Tatmak için tuz ve beyaz biber

1 yemek kaşığı Creole baharatı

1½ kiloluk karides

1 yemek kaşığı doğranmış taze dereotu + garnitür için

Limon dilimleri

Talimat

Benmari hazırlayın ve vakuma koyun. 137F'ye ayarlayın.

Tereyağını orta ateşte tavada eritin ve sarımsak, Creole baharatı, limon kabuğu rendesi ve suyu, tuz ve karabiberi ekleyin. Tereyağı eriyene kadar 5 dakika pişirin. kenara koyun ve soğumaya bırakın.

Karidesleri tereyağ karışımıyla birlikte vakumlu bir torbaya koyun. Suyu değiştirerek havayı serbest bırakın, kapatın ve torbayı bir su banyosuna daldırın. 30 dakika pişirin.

Zamanlayıcı durduğunda karidesleri çıkarın ve bir havluyla kurulayın. Pişirme suyunu boşaltın. Servis yapmadan önce karidesleri doldurun ve dereotu ve limon suyuyla süsleyin.

Baharatlı soslu karides

Hazırlama süresi + pişirme süresi: 40 dakika + soğutma süresi |
Yemekler: 5

İçindekiler

2 kilo karides, temizlenmiş ve soyulmuş

1 su bardağı domates püresi

2 yemek kaşığı yaban turpu sosu

1 çay kaşığı limon suyu

1 çay kaşığı Tabasco sosu

Tatmak için tuz ve karabiber

Talimat

Benmari hazırlayın ve vakuma yerleştirin. 137 F'ye ayarlayın. Karidesleri vakumla kapatılabilen bir torbaya yerleştirin. Suyu sıkarak havasını çıkarın, poşeti kapatıp küvete batırın. 30 dakika pişirin.

Zamanlayıcı durduğunda torbayı çıkarın ve 10 dakika boyunca buzlu su banyosuna aktarın. Buzdolabında 1 ila 6 saat kadar soğutun. Domates salçası, yaban turpu sosu, soya sosu, limon suyu, Tabasco sosu, tuz ve karabiberi iyice karıştırın. Karidesleri sosla birlikte servis edin.

Arpacık soğanı ve tarhun ile deniz yaprağı

Hazırlama süresi + pişirme süresi: 50 dakika | Yemekler: 2

İçindekiler:

2 kilo pisi balığı filetosu

3 dal tarhun yaprağı

1 çay kaşığı sarımsak tozu

1 çay kaşığı soğan tozu

Tatmak için tuz ve beyaz biber

2 ½ çay kaşığı + 2 çay kaşığı tereyağı

2 arpacık soyulmuş ve ikiye bölünmüş

2 dal kekik

Dekorasyon için limon dilimleri

talimat:

Bir su banyosu yapın, vakumla kapatın ve 124 F'ye ayarlayın. Halibut filetolarını 3 parçaya kesin ve tuz, sarımsak tozu, soğan tozu ve karabiberle ovalayın. Filetoları, tarhun ve 2½ çay kaşığı tereyağını 3 ayrı açılıp kapanabilir torbaya koyun. Suyunu sıkarak havasını çıkarın ve poşetleri kapatın. Onları bir su banyosuna koyun ve 40 dakika pişirin.

Saat durduğunda poşetleri çıkarıp açın. Tavayı kısık ateşte yerleştirin ve kalan tereyağını ekleyin. Isıtıldıktan sonra halibutun derisini çıkarın ve kurulayın. Halibut'u arpacık soğan ve kekikle ekleyin ve üstte ve altta çıtır çıtır olana kadar kızartın. Limon dilimleriyle süsleyin. Buharda pişmiş sebzelerle servis yapın.

Limon otlu morina yağı

Hazırlama + pişirme süresi: 37 dakika | Yemekler: 6

İçindekiler

8 yemek kaşığı tereyağı

6 morina filetosu

Tatmak için tuz ve karabiber

½ limon kabuğu rendesi

1 yemek kaşığı doğranmış taze dereotu

½ yemek kaşığı doğranmış taze frenk soğanı

½ yemek kaşığı doğranmış taze fesleğen

½ yemek kaşığı doğranmış taze adaçayı

Talimat

Benmari hazırlayın ve vakuma koyun. 134 F'ye ayarlayın. Morinaya tuz ve karabiber ekleyin. Morina ve limon kabuğu rendesini vakumlu torbaya koyun.

Tereyağı, dereotunun yarısı, frenk soğanı, fesleğen ve adaçayı ayrı bir vakumlu torbaya koyun. Suyu sıkarak havayı serbest bırakın, kapatın ve her iki torbayı da su banyosuna daldırın. 30 dakika pişirin.

Zamanlayıcı durduğunda morinayı çıkarın ve bir bezle kurulayın. Pişirme suyunu boşaltın. Diğer poşetten tereyağını alıp morinanın üzerine dökün. Kalan dereotu ile süsleyin.

Nantais Tereyağının Kokusu

Hazırlama süresi + pişirme süresi: 45 dakika | Yemekler: 6

İçindekiler:

birleştirici:

2 kiloluk orfoz, 3 parçaya bölünmüş

1 çay kaşığı kimyon tozu

½ çay kaşığı sarımsak tozu

½ çay kaşığı soğan tozu

½ çay kaşığı toz kişniş

¼ bardak balık baharatı

¼ bardak ceviz yağı

Tatmak için tuz ve beyaz biber

Beyaz tereyağı:

1 pound tereyağı

2 yemek kaşığı elma sirkesi

2 arpacık soğan, doğranmış

1 çay kaşığı toz biber

5 ons ağır krema,

Tatmak için tuz

2 dal dereotu

1 yemek kaşığı limon suyu

1 yemek kaşığı safran tozu

talimat:

Benmari yapın, Sous Vide'a koyun ve 132 F'ye ayarlayın. Orfoz parçalarına tuz ve beyaz biber ekleyin. Vakumla kapatılmış bir torbaya yerleştirin, suyu değiştirerek havasını söndürün, kapatın ve torbayı bir su banyosuna daldırın. Zamanlayıcıyı 30 dakikaya ayarlayın. Kimyon, sarımsak, soğan, kişniş ve balık baharatlarını karıştırın. Kenara koymak.

Bu arada beyaz tereyağını hazırlayın. Tavayı orta ateşe yerleştirin ve arpacık soğanı, sirke ve karabiberi ekleyin. Şurup almaya hazırlanın. Isıyı en aza indirin ve sürekli karıştırarak tereyağını ekleyin. Dereotu, limon suyu ve safran tozunu ekleyip sürekli karıştırarak 2 dakika pişirin. Kremayı ekleyin ve tuzla tatlandırın. 1 dakika pişirin. Isıyı kapatın ve bir kenara koyun.

Zamanlayıcı durduğunda torbayı çıkarın ve açın. Tavayı orta ateşe koyun, ceviz yağını ekleyin. Cildi kurutun, baharat karışımıyla tatlandırın ve kızgın yağda kızartın. Orfoz ve Nantais tereyağını kızarmış ıspanakla birlikte servis edin.

Ton balığı gevreği

Hazırlama süresi + pişirme süresi: 1sa45 | Yemekler: 4

İçindekiler:

¼ pound ton balığı bifteği

1 çay kaşığı biberiye yaprağı

1 çay kaşığı kekik yaprağı

2 bardak zeytinyağı

1 diş sarımsak, doğranmış

talimat:

Bir su banyosu yapın, içine Sous Vide koyun ve 135 F'ye ayarlayın. Ton balığı bifteğini, tuzu, biberiyeyi, sarımsağı, kekiği ve iki yemek kaşığı yağı, ağzı kapalı bir torbaya, boş bir yere koyun. Suyu değiştirerek havayı serbest bırakın, kapatın ve torbayı bir su banyosuna daldırın. Zamanlayıcıyı 1 saat 30 dakikaya ayarlayın.

Zamanlayıcı durduğunda torbayı çıkarın. Ton balığını bir kaseye koyun ve bir kenara koyun. Tavayı yüksek ateşe koyun, kalan zeytinyağını ekleyin. Isıttıktan sonra ton balığının üzerine dökün. Ton balığını iki çatalla parçalayın. Bir haftaya kadar zeytinyağıyla birlikte hava geçirmez bir kapta aktarın ve saklayın. Salata olarak servis edilir.

Tereyağlı deniz tarağı

Hazırlama süresi + pişirme süresi: 55 dakika | Yemekler: 3

İçindekiler:

½ kilo deniz tarağı

3 çay kaşığı tereyağı (2 çay kaşığı kızartmak için + 1 çay kaşığı kızartmak için)

Tatmak için tuz ve karabiber

talimat:

Bir su banyosu yapın, içine Sous Vide koyun ve 140 F'ye ayarlayın. Deniz taraklarını kağıt havluyla kurulayın. Midyeleri, tuzu, 2 yemek kaşığı tereyağını ve karabiberi açılıp kapanabilir bir torbaya koyun. Suyu hareket ettirerek havayı serbest bırakın, torbayı kapatın ve su banyosuna daldırın ve zamanlayıcıyı 40 dakikaya ayarlayın.

Zamanlayıcı durduğunda torbayı çıkarın ve açın. Deniz taraklarını kağıt havluyla kurulayın ve bir kenara koyun. Tavayı orta ateşe koyun ve kalan tereyağını ekleyin. Eridikten sonra midyeleri her iki tarafı da altın rengi olana kadar kızartın. Tereyağlı sebze karışımıyla servis edilir.

Nane sardalyaları

Hazırlama süresi + pişirme süresi: 1sa20 | Yemekler: 3

İçindekiler:

2 kilo sardalye

¼ bardak zeytinyağı

3 diş sarımsak, ezilmiş

1 büyük limon, taze sıkılmış

2 dal taze nane

Tatmak için tuz ve karabiber

talimat:

Her balığı yıkayıp temizleyin, ancak derisini açık bırakın. Emici kağıtla kurulayın.

Büyük bir kapta zeytinyağı, sarımsak, limon suyu, taze nane, tuz ve karabiberi birleştirin. Sardalyaları marine ile birlikte büyük bir vakumlu torbaya koyun. 104 F sıcaklıkta bir saat boyunca benmari usulü pişirin. Banyodan çıkarın ve süzün, ancak sosu saklayın. Sosu balığın ve haşlanmış pırasanın üzerine dökün.

Beyaz şarapta çipura

Hazırlama süresi + pişirme süresi: 2 saat | Yemekler: 2

İçindekiler:

1 kiloluk çipura, yaklaşık 1 inç kalınlığında, temizlenmiş

1 su bardağı sızma zeytinyağı

1 limon, sıkılmış meyve suyu

1 yemek kaşığı şeker

1 yemek kaşığı kurutulmuş biberiye

½ çay kaşığı kurutulmuş kekik

2 diş sarımsak, ezilmiş

½ bardak beyaz şarap

1 çay kaşığı deniz tuzu

talimat:

Büyük bir kapta zeytinyağı, limon suyu, şeker, biberiye, kekik, ezilmiş sarımsak, şarap ve tuzu birleştirin. Balıkları bu karışıma batırın ve buzdolabında bir saat marine edin. Buzdolabından çıkarın ve süzün, ancak sıvıyı servis için saklayın. Filetoları büyük bir vakum poşetine koyun ve kapatın. Sous vide'yi 122 F'ta 40 dakika pişirin. Kalan turşuyu filetoların üzerine dökün ve servis yapın.

Avokadolu somon ve lahana salatası

Hazırlama + pişirme süresi: 1 saat | Yemekler: 3

İçindekiler:

1 pound derisiz somon filetosu

Tatmak için tuz ve karabiber

½ organik limon, suyu sıkılmış

1 yemek kaşığı zeytinyağı

1 su bardağı lahana yaprağı, doğranmış

½ bardak kavrulmuş havuç, dilimlenmiş

Olgun bir avokadonun yarısını küçük küpler halinde kesin

1 yemek kaşığı taze dereotu

1 yemek kaşığı taze maydanoz dal

talimat:

Filetoyu her iki tarafına da tuz ve karabiber serpin ve büyük bir sous vide torbasına koyun. Torbayı kapatın ve sous vide'yi 122 F'de 40 dakika pişirin. Somonu benmariden çıkarın ve bir kenara koyun.

Limon suyunu, bir tutam tuzu ve karabiberi blender kasesinde birleştirin ve sürekli karıştırarak yavaş yavaş zeytinyağını ekleyin. Kıyılmış lahanayı ekleyin ve sosla iyice kaplanacak şekilde atın. Kavrulmuş havuç, avokado, dereotu ve maydanozu ekleyin. Birleştirmek için yavaşça karıştırın. Bir kaseye aktarın ve üzerine somon balığı koyarak servis yapın.

Zencefilli Somon

Hazırlama süresi + pişirme süresi: 45 dakika | Yemekler: 4

İçindekiler:

4 adet derili somon filetosu

2 yemek kaşığı susam yağı

1 ½ zeytinyağı

2 yemek kaşığı rendelenmiş zencefil

2 yemek kaşığı şeker

talimat:

Bir su banyosu yapın, içine Sous Vide koyun ve 124F'ye ayarlayın. Somonu tuzlayıp karabiberleyin. Geri kalan malzemeleri bir kaseye koyun ve karıştırın.

Somon-şeker karışımını vakumla kapatılmış iki torbaya koyun, su değiştirme yöntemiyle havasını söndürün, kapatın ve torbayı bir su banyosuna daldırın. Zamanlayıcıyı 30 dakikaya ayarlayın.

Zamanlayıcı durduğunda torbayı çıkarın ve açın. Tavayı orta ateşe koyun, altına bir parça pişirme kağıdı koyun ve ısıtın. Somonu deri tarafı aşağı bakacak şekilde ekleyin ve her birini 1 dakika pişirin. Tereyağlı brokoli ile servis yapın.

Taze limon suyu ile midye

Hazırlama süresi + pişirme süresi: 40 dakika | Yemekler: 2

İçindekiler:

1 kiloluk taze tüysüz midye

1 orta boy soğan, soyulmuş ve ince doğranmış

Bir diş sarımsak, ezilmiş

½ su bardağı taze sıkılmış limon suyu

¼ bardak taze maydanoz, ince doğranmış

1 yemek kaşığı ince kıyılmış biberiye

2 yemek kaşığı zeytinyağı

talimat:

İstiridyeleri limon suyu, sarımsak, soğan, maydanoz, biberiye ve zeytinyağıyla birlikte büyük bir vakum poşetine koyun. Sous vide'yi 122 F'de 30 dakika pişirin. Yeşil salata ile servis yapın.

Otlarla marine edilmiş ton balığı bifteği

Hazırlama süresi + pişirme süresi: 1sa25 | Yemekler: 5

İçindekiler:

2 pound ton balığı bifteği, yaklaşık 1 inç kalınlığında

1 çay kaşığı kurutulmuş kekik, öğütülmüş

1 çay kaşığı taze fesleğen, ince doğranmış

¼ bardak ince kıyılmış arpacık soğanı

2 yemek kaşığı taze maydanoz, ince doğranmış

1 yemek kaşığı taze dereotu, ince doğranmış

1 çay kaşığı taze rendelenmiş limon kabuğu rendesi

½ su bardağı susam

4 yemek kaşığı zeytinyağı

Tatmak için tuz ve karabiber

talimat:

Ton balığı filetosunu soğuk suyla yıkayıp kağıt havluyla kurulayın. Kenara koymak.

Büyük bir kapta kekik, fesleğen, arpacık soğanı, maydanoz, dereotu, yağ, tuz ve karabiberi birleştirin. İyice birleşene kadar karıştırın, ardından biftekleri bu turşuya batırın. Sıkıca kapatın ve 30 dakika buzdolabına koyun.

Marine edilmiş biftekleri büyük bir vakumlu torbaya koyun. Havayı dışarı atmak için torbayı sıkın ve kapağı kapatın. 131 derecede 40 dakika sous vide pişirin.

Biftekleri poşetten çıkarın ve kağıt havluların üzerine koyun. Yavaşça kurulayın ve otları çıkarın. Tavayı yüksek ateşte ısıtın. Biftekleri susamla kaplayın ve tavaya aktarın. Her iki tarafını da 1'er dakika kızartın ve ocaktan alın.

Yengeç eti köftesi

Hazırlama süresi + pişirme süresi: 65 dakika | Yemekler: 4

İçindekiler:

1 pound yengeç eti parçaları

1 su bardağı kırmızı soğan, ince doğranmış

½ bardak kırmızı biber, ince doğranmış

2 yemek kaşığı pul biber, ince doğranmış

1 yemek kaşığı kereviz yaprağı, ince doğranmış

1 yemek kaşığı ince kıyılmış maydanoz

½ çay kaşığı tarhun, ince doğranmış

Tatmak için tuz ve karabiber

4 yemek kaşığı zeytinyağı

2 yemek kaşığı badem unu

3 yumurta, dövülmüş

talimat:

2 yemek kaşığı zeytinyağını bir tavada ısıtıp soğanı ekleyin. Sürekli karıştırarak camlaşana kadar pişirin ve doğranmış kırmızı biberi ve kırmızı biberi ekleyin. Sürekli karıştırarak 5 dakika pişirin.

Büyük bir tabağa aktarın. Yengeç eti, kereviz, maydanoz, tarhun, tuz, karabiber, badem unu ve yumurtayı ekleyin. İyice karıştırın ve kütleden 2 cm çapında pirzola oluşturun. Köfteleri 2 vakum poşetine dikkatlice paylaştırıp kapatın. 122 F'de 40 dakika boyunca sous vide pişirin.

Kalan zeytinyağını yapışmaz bir tavada yüksek ateşte ısıtın. Köfteleri su banyosundan çıkarıp tencereye koyun. Her iki tarafını da 3-4 dakika kısaca kızartıp servis yapın.

Biber erir

Hazırlama süresi + pişirme süresi: 1sa15 | Yemekler: 5

İçindekiler:

1 kilo taze parfüm

½ su bardağı limon suyu

3 diş sarımsak, ezilmiş

1 çay kaşığı tuz

1 su bardağı sızma zeytinyağı

2 yemek kaşığı taze dereotu, ince doğranmış

1 yemek kaşığı frenk soğanı, doğranmış

1 yemek kaşığı pul biber, öğütülmüş

talimat:

Maltı soğuk akan su altında durulayın ve boşaltın. Kenara koymak.

Geniş bir kapta zeytinyağı, limon suyu, ezilmiş sarımsak, deniz tuzu, ince kıyılmış dereotu, doğranmış frenk soğanı ve pul biberi birleştirin. Bu karışıma bir yemek kaşığı dökün ve üzerini kapatın. 20 dakika buzdolabına koyun.

Buzdolabından çıkarın ve marine ile birlikte büyük bir vakumlu torbaya koyun. Sous vide'yi 40 dakika boyunca 104 F'de pişirin. Su banyosundan çıkarın ve boşaltın, ancak sıvıyı koruyun.

Büyük bir tavayı orta ateşte ısıtın. Brendiyi ekleyin ve çevirerek 3-4 dakika kısaca pişirin. Ateşten alıp servis tabağına aktarın. Üzerine marineyi dökün ve hemen servis yapın.

Marine edilmiş yayın balığı filetosu

Hazırlama süresi + pişirme süresi: 1sa20 | Yemekler: 3

İçindekiler:

1 pound yayın balığı filetosu

½ su bardağı limon suyu

½ bardak maydanoz, ince kıyılmış

2 diş sarımsak, ezilmiş

1 su bardağı soğan, ince doğranmış

1 yemek kaşığı taze dereotu, ince doğranmış

1 yemek kaşığı taze biberiye yaprağı, ince doğranmış

2 su bardağı taze sıkılmış elma suyu

2 yemek kaşığı Dijon hardalı

1 su bardağı sızma zeytinyağı

talimat:

Büyük bir kapta limon suyu, maydanoz, kıyılmış sarımsak, ince doğranmış soğan, taze dereotu, biberiye, elma suyu, hardal ve zeytinyağını birleştirin. İyice birleşene kadar karıştırın. Filetoları bu karışıma batırın ve üzerini sıkı bir kapakla kapatın. 30 dakika kadar buzdolabında saklayın.

Buzdolabından çıkarıp 2 adet vakumlu poşete koyun. Kapağı kapatın ve sous vide'yi 122 F'de 40 dakika pişirin. Çıkarın ve boşaltın; sıvı rezerve edin. Kendi sıvınızla servis yapın.

Limonlu maydanozlu karides

Hazırlama süresi + pişirme süresi: 35 dakika | Yemekler: 4

İçindekiler:

12 büyük karides, soyulmuş ve parçalara ayrılmış

1 çay kaşığı tuz

1 çay kaşığı şeker

3 çay kaşığı zeytinyağı

1 defne yaprağı

1 dal maydanoz, doğranmış

2 yemek kaşığı limon kabuğu rendesi

1 yemek kaşığı limon suyu

talimat:

Bir su banyosu yapın, içine Sous Vide'yi yerleştirin ve 156 F'ye ayarlayın. Karidesleri, tuzu ve şekeri kaseye ekleyin, karıştırın ve 15 dakika bekletin. Karidesleri, defne yaprağını, zeytinyağını ve limon kabuğu rendesini vakumlu poşete koyun. Suyun yer değiştirmesi ve sızdırmazlık yöntemiyle havayı serbest bırakın. Banyoya daldırın ve 10 dakika pişirin. Zamanlayıcı durduğunda torbayı çıkarın ve açın. Karides serpin ve limon suyu serpin.

Vakumlu halibut

Hazırlama süresi + pişirme süresi: 1sa20 | Yemekler: 4

İçindekiler:

1 kiloluk halibut filetosu

3 yemek kaşığı zeytinyağı

¼ bardak arpacık soğanı, ince doğranmış

1 çay kaşığı taze rendelenmiş limon kabuğu rendesi

½ çay kaşığı kurutulmuş kekik, öğütülmüş

1 yemek kaşığı taze maydanoz, ince doğranmış

1 çay kaşığı taze dereotu, ince doğranmış

Tatmak için tuz ve karabiber

talimat:

Balıkları soğuk akan su altında yıkayın ve kağıt havluyla kurulayın. İnce dilimler halinde kesin, üzerine tuz ve karabiber serpin. Açılıp kapanabilir büyük bir torbaya koyun ve iki yemek kaşığı zeytinyağı ekleyin. Arpacık soğanı, kekik, maydanoz, dereotu, tuz ve karabiberle tatlandırın.

Havayı dışarı atmak için torbayı sıkın ve kapağı kapatın. Tüm filetoları baharatla kaplamak için torbayı sallayın ve pişirmeden önce 30 dakika buzdolabında saklayın. 131 F'de 40 dakika boyunca sous vide pişirin.

Torbayı sudan çıkarıp bir süre buzdolabına koyun. Emici kağıdın üzerine koyun ve süzün. Otları çıkarın.

Kalan yağı büyük bir tavada yüksek ateşte ısıtın. Filetoları ekleyin ve 2 dakika kızartın. Filetoları çevirin ve yaklaşık 35 ila 40 saniye pişirin, ardından ocaktan alın. Balıkları emici kağıda geri koyun ve fazla yağı alın. Derhal servis yapın.

Limonlu tereyağı tuzu

Hazırlama süresi + pişirme süresi: 45 dakika | Yemekler: 3

İçindekiler:

3 fileto dil balığı

1 ½ yemek kaşığı tuzsuz tereyağı

¼ bardak limon suyu

½ çay kaşığı limon kabuğu rendesi

Tatmak için limon biberi

Süslemek için 1 dal maydanoz

talimat:

Bir su banyosu yapın, içine Sous Vide koyun ve 132 F'ye ayarlayın. Tabanı kurutup 3 ayrı vakum poşetine koyun. Suyunu sıkarak havasını çıkarın ve poşetleri kapatın. Bir su banyosuna daldırın ve zamanlayıcıyı 30 dakikaya ayarlayın.

Küçük bir tavayı orta ateşe koyun, tereyağını ekleyin. Eridikten sonra ateşten alın. Limon suyunu ve limon kabuğu rendesini ekleyip karıştırın.

Zamanlayıcı durduğunda torbayı çıkarın ve açın. Çipura filetolarını tabaklara dizin, üzerine tereyağlı sos gezdirin ve üzerine maydanoz serpin. Buharda pişmiş yeşil sebzelerle servis yapın.

Fesleğen güveç

Hazırlama süresi + pişirme süresi: 50 dakika | Yemekler: 4

İçindekiler:

1 kilo morina filetosu

1 su bardağı pişmiş domates

1 yemek kaşığı fesleğen, kurutulmuş

1 su bardağı balık suyu

2 yemek kaşığı domates püresi

3 sap kereviz, ince doğranmış

1 havuç, doğranmış

¼ bardak zeytinyağı

1 soğan, ince doğranmış

½ bardak mantar

talimat:

Zeytinyağını büyük bir tavada orta ateşte ısıtın. Kereviz, soğan ve havuç ekleyin. 10 dakika boyunca karıştırarak kahverengileştirin. Ateşten alın ve kalan malzemelerle birlikte vakumlu bir torbaya aktarın. 122 F'de 40 dakika boyunca sous vide pişirin.

Tek tilapya

Hazırlama süresi + pişirme: 1sa10 | Yemekler: 3

İçindekiler

3 (4 ons) tilapia filetosu

3 yemek kaşığı tereyağı

1 yemek kaşığı elma sirkesi

Tatmak için tuz ve karabiber

talimat:

Bir su banyosu hazırlayın, içine Sous Vide'yi koyun ve 124 F'ye ayarlayın. Tilapia'yı biber ve tuzla tatlandırın ve vakumlu bir torbaya koyun. Suyunu sıkarak havasını alın ve poşeti kapatın. Su banyosuna daldırın ve zamanlayıcıyı 1 saate ayarlayın.

Zamanlayıcı durduğunda torbayı çıkarın ve açın. Tencereyi orta ateşe alıp tereyağını ve sirkeyi ekleyin. Sirke yarı yarıya azalıncaya kadar sürekli karıştırarak pişirin. Tilapia'yı ekleyin ve hafifçe kızartın. Gerekirse tuz ve karabiberle tatlandırın. Tereyağlı sebzelerle servis yapın.

Kuşkonmazlı Somon

Hazırlama süresi + pişirme: 3h15 | Yemekler: 6

İçindekiler:

1 pound yabani somon filetosu

1 yemek kaşığı zeytinyağı

1 yemek kaşığı kurutulmuş kekik

12 adet orta boy kuşkonmaz

4 dilim beyaz soğan

1 yemek kaşığı taze maydanoz

Tatmak için tuz ve karabiber

talimat:

Filetoyu her iki tarafına kekik, tuz ve karabiberle tatlandırın ve hafifçe zeytinyağı gezdirin.

Malzemelerin geri kalanıyla birlikte büyük, hava geçirmez bir kaba koyun. Bütün baharatları bir kapta karıştırın. Karışımı bifteğin her iki tarafına eşit şekilde yayın ve büyük, hava geçirmez bir torbaya koyun. Torbayı kapatın ve sous vide'yi 136F'de 3 saat pişirin.

Uskumru köri

Hazırlama süresi + pişirme süresi: 55 dakika | Yemekler: 3

İçindekiler:

3 adet başsız uskumru filetosu

3 yemek kaşığı köri ezmesi

1 yemek kaşığı zeytinyağı

Tatmak için tuz ve karabiber

talimat:

Bir su banyosu yapın, Sous Vide'a koyun ve 120 F'ye ayarlayın. Uskumruyu biber ve tuzla tatlandırın ve sous vide torbasına koyun. Suyu hareket ettirerek havayı serbest bırakın, kapatın ve bir su banyosuna daldırın ve zamanlayıcıyı 40 dakikaya ayarlayın.

Zamanlayıcı durduğunda torbayı çıkarın ve açın. Tavayı orta ateşe koyun, zeytinyağını ekleyin. Uskumru körisini yayın (uskumruyu kurutmayın)

Hala sıcakken uskumruyu ekleyin ve altın rengi kahverengi olana kadar kızartın. Buharda pişmiş yeşil yapraklı sebzelerle servis yapın.

Biberiyeli ahtapot

Hazırlama süresi + pişirme: 1sa15 | Yemekler: 3

İçindekiler:

1 pound taze, bütün kalamar

½ su bardağı sızma zeytinyağı

1 yemek kaşığı Himalaya pembe tuzu

1 yemek kaşığı kurutulmuş biberiye

3 diş sarımsak, ezilmiş

3 adet kiraz domates, ikiye bölünmüş

talimat:

Her ahtapotu akan su altında iyice durulayın. Keskin bir bıçak kullanarak kafaları çıkarın ve her bir kalamarın temizleyin.

Geniş bir kapta zeytinyağını tuz, kurutulmuş biberiye, kiraz domates ve preslenmiş sarımsakla birleştirin. Kalamarları bu karışıma batırın ve 1 saat buzdolabında bekletin. Daha sonra çıkarın ve boşaltın. Ahtapot ve kiraz domatesleri büyük bir vakum poşetine koyun. 136 F'de bir saat boyunca sous vide pişirin.

Limonlu Kızarmış Karides

Hazırlama süresi + pişirme süresi: 50 dakika | Yemekler: 3

İçindekiler:

1 kiloluk karides, soyulmuş ve ayrılmış

3 yemek kaşığı zeytinyağı

½ su bardağı taze sıkılmış limon suyu

1 diş sarımsak, ezilmiş

1 çay kaşığı ezilmiş taze biberiye

1 çay kaşığı deniz tuzu

talimat:

Zeytinyağını limon suyu, ezilmiş sarımsak, biberiye ve tuzla karıştırın. Her karidesi karışımla fırçalayın ve büyük, vakumlu bir torbaya koyun. 104 F'de 40 dakika boyunca sous vide pişirin.

Izgara ahtapot

Hazırlama + pişirme süresi: 5sa20 | Yemekler: 3

İçindekiler:

Yarım kilo orta boy kalamar dokunaçları, beyazlatılmış

Tatmak için tuz ve karabiber

3 yemek kaşığı + 3 yemek kaşığı zeytinyağı

2 çay kaşığı kurutulmuş kekik

2 dal taze maydanoz, doğranmış

Buz banyosu için buz

talimat:

Bir su banyosu yapın, içine Sous Vide koyun ve 171F'ye ayarlayın.

Ahtapotu, tuzu, 3 çay kaşığı zeytinyağını ve karabiberi vakumlu poşete koyun. Suyu değiştirerek havayı serbest bırakın, kapatın ve torbayı bir su banyosuna daldırın. Zamanlayıcıyı 5 saate ayarlayın.

Zamanlayıcı durduğunda torbayı çıkarın ve üzerini buz banyosuyla örtün. Kenara koymak. Izgarayı önceden ısıtın.

Izgara ısınınca ahtapotu bir tabağa aktarın, 3 yemek kaşığı zeytinyağı ekleyip masaj yapın. Ahtapotun her tarafı güzelce kızarana kadar ızgarada pişirin. Ahtapot serpip maydanoz ve kekikle süsleyin. Tatlı ve baharatlı sosla servis yapın.

Yabani somon bifteği

Hazırlama süresi + pişirme süresi: 1sa25 | Yemekler: 4

İçindekiler:

2 kilo yabani somon bifteği

3 diş sarımsak, ezilmiş

1 yemek kaşığı taze biberiye, ince doğranmış

1 yemek kaşığı taze sıkılmış limon suyu

1 yemek kaşığı taze sıkılmış portakal suyu

1 çay kaşığı portakal kabuğu rendesi

1 çay kaşığı Himalaya pembe tuzu

1 su bardağı balık suyu

talimat:

Portakal suyunu limon suyu, biberiye, sarımsak, portakal kabuğu rendesi ve tuzla karıştırın. Her bifteği karışımla kaplayın ve 20 dakika buzdolabında saklayın. Yeniden kapatılabilir büyük bir torbaya aktarın ve balık suyunu ekleyin. Torbayı kapatın ve sous vide'yi 131F'de 50 dakika pişirin.

Büyük yapışmaz ızgara tavasını önceden ısıtın. Biftekleri sous vide torbasından çıkarın ve her iki tarafı da hafifçe kızarıncaya kadar 3 dakika ızgara yapın.

Tilapya Yahnisi

Hazırlama süresi + pişirme süresi: 65 dakika | Yemekler: 3

İçindekiler:

1 kiloluk tilapia filetosu

½ bardak soğan, ince doğranmış

1 su bardağı havuç, ince doğranmış

½ bardak kişniş yaprağı, ince doğranmış

3 diş sarımsak, ince doğranmış

1 su bardağı yeşil biber, ince doğranmış

1 çay kaşığı İtalyan baharatı

1 çay kaşığı acı biber

½ çay kaşığı pul biber

1 su bardağı taze domates suyu

Tatmak için tuz ve karabiber

3 yemek kaşığı zeytinyağı

talimat:

Zeytinyağını orta ateşte ısıtın. Kıyılmış soğanı ekleyin ve sürekli karıştırarak şeffaflaşana kadar kızartın.

Şimdi kırmızı biber, havuç, sarımsak, kişniş, İtalyan baharat karışımı, kırmızı biber, pul biber, tuz ve karabiberi ekleyin. İyice karıştırın ve on dakika daha pişirin.

Ateşten alın ve domates suyu ve tilapia filetosu ile birlikte büyük, açılıp kapanabilir bir torbaya aktarın. Sous vide'yi 122 F'de 50 dakika pişirin. Benmariden çıkarın ve servis yapın.

Biber topları ile tereyağı midye

Hazırlama süresi + pişirme süresi: 1sa30 | Yemekler: 2

İçindekiler:

4 ons konserve istiridye

¼ bardak sek beyaz şarap

1 sap kereviz, doğranmış

1 yaban havucu, doğranmış

1 arpacık dörde bölünmüş

1 defne yaprağı

1 yemek kaşığı karabiber

1 yemek kaşığı zeytinyağı

8 yemek kaşığı tereyağı, oda sıcaklığında

1 yemek kaşığı kıyılmış taze maydanoz

2 diş sarımsak, doğranmış

Tatmak için tuz

1 çay kaşığı taze çekilmiş karabiber

¼ bardak Panko galeta unu

1 baget, dilimlenmiş

talimat:

Benmari hazırlayın ve vakuma yerleştirin. 154 F'ye ayarlayın. İstiridye, arpacık soğanı, kereviz, yabani havuç, şarap, karabiber, zeytinyağı ve defne yaprağını açılıp kapanabilir bir torbaya koyun. Suyu değiştirerek havayı serbest bırakın, kapatın ve torbayı bir su banyosuna daldırın. 60 dakika pişirin.

Bir blender kullanarak tereyağını, maydanozu, tuzu, sarımsağı ve karabiberi ekleyin. Birleştirmek için orta hızda karıştırın. Karışımı plastik bir torbaya koyun ve yuvarlayın. Buzdolabına koyun ve soğumaya bırakın.

Zamanlayıcı durduğunda salyangozları ve sebzeleri çıkarın. Pişirme suyunu boşaltın. Tavayı yüksek ateşte ısıtın. Kabukları tereyağıyla yağlayın, galeta unu serpin ve eriyene kadar 3 dakika pişirin. Sıcak baget dilimleri ile servis yapın.

Kişniş alabalığı

Hazırlama süresi + pişirme süresi: 60 dakika | Yemekler: 4

İçindekiler:

2 kilo alabalık, 4 adet

5 diş sarımsak

1 yemek kaşığı deniz tuzu

4 yemek kaşığı zeytinyağı

1 su bardağı kişniş yaprağı, ince doğranmış

2 yemek kaşığı ince kıyılmış biberiye

¼ su bardağı taze sıkılmış limon suyu

talimat:

Balıkları güzelce temizleyip durulayın. Kağıt havluyla kurulayın ve üzerine tuz serpin. Sarımsakları zeytinyağı, kişniş, biberiye ve limon suyuyla karıştırın. Her balığı karışımla doldurun. Ayrı vakumlu torbalara koyun ve sıkıca kapatın. Sous vide'yi 131F'de 45 dakika pişirin.

Kalamar halkaları

Hazırlama süresi + pişirme süresi: 1sa25 | Yemekler: 3

İçindekiler:

2 bardak kalamar halkası

1 yemek kaşığı taze biberiye

Tatmak için tuz ve karabiber

½ su bardağı zeytinyağı

talimat:

Ahtapot dilimlerini biberiye, tuz, karabiber ve zeytinyağıyla birlikte büyük, temiz bir plastik torbaya atın. Torbayı kapatın ve iyice kapanması için birkaç kez sallayın. Büyük vakumlu bir kaba aktarın ve torbayı kapatın. Sous vide'yi 131 F'de 1 saat 10 dakika pişirin. Benmariden çıkarın ve servis yapın.

Karides ve avokadolu biber salatası

Hazırlama süresi + pişirme süresi: 45 dakika | Yemekler: 4

İçindekiler:

1 doğranmış kırmızı soğan

2 limonun suyu

1 çay kaşığı zeytinyağı

¼ çay kaşığı deniz tuzu

⅛ çay kaşığı beyaz biber

1 kiloluk çiğ karides, soyulmuş ve ayrılmış

1 dilim domates

1 doğranmış avokado

1 yeşil biber, çekirdeği çıkarılmış ve doğranmış

1 yemek kaşığı kıyılmış kişniş

talimat:

Benmari hazırlayın ve vakuma koyun. 148F'ye ayarlayın.

Açılıp kapanabilir bir torbaya limon suyu, kırmızı soğan, deniz tuzu, beyaz biber, zeytinyağı ve karides koyun. Suyu değiştirerek havayı serbest bırakın, kapatın ve torbayı bir su banyosuna daldırın. 24 dakika pişirin.

Zamanlayıcı durduğunda torbayı çıkarın ve 10 dakika boyunca buzlu su banyosuna aktarın. Domates, avokado, yeşil biber ve kişnişi bir kasede birleştirin. Torbanın içeriğini yukarıya doğru dökün.

Narenciye safran soslu tereyağlı kırmızı puf böreği

Hazırlama süresi + pişirme süresi: 55 dakika | Yemekler: 4

İçindekiler

4 adet temizlenmiş sosis

2 yemek kaşığı tereyağı

Tatmak için tuz ve karabiber

<u>Limon sosu için</u>

1 limon

1 greyfurt

1 limon

3 portakal

1 çay kaşığı Dijon hardalı

2 yemek kaşığı kolza yağı

1 sarı soğan

1 kabak, doğranmış

1 çay kaşığı safran ipliği

1 çay kaşığı kıyılmış pul biber

1 yemek kaşığı şeker

3 su bardağı balık suyu

3 yemek kaşığı kıyılmış kişniş

Talimat

Benmari hazırlayın ve vakuma yerleştirin. 132 F'ye ayarlayın. Sığır filetosu filetolarını tuz ve karabiberle tatlandırın ve vakumlu bir torbaya koyun. Suyu değiştirerek havayı serbest bırakın, kapatın ve torbayı bir su banyosuna daldırın. 30 dakika pişirin.

Meyveyi soyun ve küpler halinde kesin. Yağı bir tavada orta ateşte ısıtın ve soğanı ve kabakları ekleyin. 2-3 dakika kızartın. Meyveyi, safranı, biberi, hardalı ve şekeri ekleyin. 1 dakika daha pişirin. Balık suyunu ekleyip 10 dakika pişirin. Kişniş ile süsleyin ve bir kenara koyun. Zamanlayıcı durduğunda balığı çıkarın ve bir tabağa koyun. Narenciye ve safran sosunu döküp servis yapın.

Susamla kaplanmış morina filetosu

Hazırlama süresi + pişirme süresi: 45 dakika | Yemekler: 2

İçindekiler

1 büyük morina filetosu

2 yemek kaşığı susam ezmesi

1½ çay kaşığı esmer şeker

2 yemek kaşığı balık sosu

2 yemek kaşığı tereyağı

Susam taneleri

Talimat

Benmari hazırlayın ve vakuma koyun. 131F'ye ayarlayın.

Morina balığını esmer şeker, susam ezmesi ve balık sosu karışımına batırın. Vakumlu bir torbaya koyun. Suyu değiştirerek havayı serbest bırakın, kapatın ve torbayı bir su banyosuna daldırın. 30 dakika pişirin. Tereyağını orta ateşte bir tavada eritin.

Zamanlayıcı durduğunda morinayı çıkarın ve tavaya aktarın ve 1 dakika pişirin. Bir tabakta servis yapın. Pişirme suyunu tavaya dökün ve azalıncaya kadar pişirin. 1 yemek kaşığı tereyağını ekleyip karıştırın. Sosu morinanın üzerine dökün ve susamla süsleyin. Pirinçle servis yapın.

Ispanak ve Hardal Soslu Kremalı Somon

Hazırlama süresi + pişirme süresi: 55 dakika | Yemekler: 2

BENiçindekiler

4 derisiz somon filetosu

1 büyük demet ıspanak

½ bardak Dijon hardalı

1 bardak ağır krema

1 su bardağı yarım buçuk ekşi krema

1 yemek kaşığı limon suyu

Tatmak için tuz ve karabiber

Talimat

Benmari hazırlayın ve vakuma koyun. 115 F'ye ayarlayın. Baharatlı somonu vakumlu bir torbaya koyun. Suyu değiştirerek havayı serbest bırakın, kapatın ve torbayı bir su banyosuna daldırın. 45 dakika pişirin.

Tavayı orta ateşte ısıtın ve ıspanakları suyunu çekene kadar pişirin. Isıyı azaltın ve limon suyunu, karabiberi ve tuzu ekleyin. Pişirmeye devam edin. Tavayı orta ateşte ısıtın ve yarısını ekşi krema ve Dijon hardalıyla karıştırın. Isıyı azaltın ve pişirin. Tuz ve karabiberle tatlandırın. Zamanlayıcı durduğunda somonu çıkarın ve bir tabağa koyun. Üzerine sosu dökün. Ispanakla servis yapın.

Taze salata ile biberli midye

Hazırlama süresi + pişirme süresi: 55 dakika | Yemekler: 4

İçindekiler

1 kilo tarak

1 çay kaşığı sarımsak tozu

½ çay kaşığı soğan tozu

½ çay kaşığı kırmızı biber

¼ çay kaşığı acı biber

Tatmak için tuz ve karabiber

salata

3 su bardağı mısır tanesi

Yarım litre ikiye bölünmüş kiraz domates

1 kırmızı biber, doğranmış

2 yemek kaşığı kıyılmış taze maydanoz

Elbise

1 yemek kaşığı taze fesleğen

1 limon, dörde bölünmüş

Talimat

Benmari hazırlayın ve vakuma koyun. 122F'ye ayarlayın.

Midyeleri vakumlu poşete koyun. Tuz ve karabiberle tatlandırın. Sarımsak tozu, kırmızı biber, soğan tozu ve acı biberi bir kasede birleştirin. Dökün. Suyu değiştirerek havayı serbest bırakın, kapatın ve torbayı bir su banyosuna daldırın. 30 dakika pişirin.

Bu arada fırını önceden 400 F'ye ısıtın. Mısır tanelerini ve kırmızı biberi bir pişirme kabına yerleştirin. Zeytinyağı gezdirip tuz ve karabiberle tatlandırın. 5-10 dakika pişirin. Bir kaseye aktarın ve maydanozla birlikte atın. Bir kapta salata malzemelerini iyice karıştırıp mısır tanelerinin üzerine dökün.

Zamanlayıcı durduğunda torbayı çıkarın ve sıcak tavaya aktarın. Her iki tarafta 2 dakika kızartın. Tabakta, midye ve salatayla servis edilir. Fesleğen ve çeyrek limonla süsleyin.

Lezzetli mango midyeleri

Hazırlama süresi + pişirme süresi: 50 dakika | Yemekler: 4

İçindekiler

1 pound büyük tarak
1 yemek kaşığı tereyağı

<u>Sos</u>

1 yemek kaşığı limon suyu
2 yemek kaşığı zeytinyağı

<u>Süslemek</u>

1 yemek kaşığı limon kabuğu rendesi
1 yemek kaşığı portakal kabuğu rendesi
1 bardak doğranmış mango
1 Serrano biberi, ince dilimlenmiş
2 yemek kaşığı kıyılmış nane yaprağı

Talimat

Midyeleri vakumlu poşete koyun. Tuz ve karabiberle tatlandırın. Gece boyunca buzdolabında soğumaya bırakın. Benmari hazırlayın ve vakuma yerleştirin. 122 F'a ayarlayın. Suyu değiştirerek havayı serbest bırakın, kapatın ve torbayı bir su banyosuna daldırın. 15-35 dakika pişirin.

Tavayı orta ateşte ısıtın. Sos malzemelerini bir kapta iyice karıştırın. Zamanlayıcı durduğunda tarakları çıkarın ve tavaya aktarın ve altın rengi kahverengi olana kadar pişirin. Bir tabakta servis yapın. Sosu dökün ve dekorasyon için malzemeleri ekleyin.

Hardal soslu pırasa ve karides

Hazırlama süresi + pişirme süresi: 1sa20 | Yemekler: 4

BENiçindekiler

6 ikinci teğmen

5 yemek kaşığı zeytinyağı

Tatmak için tuz ve karabiber

1 arpacık soğanı, doğranmış

1 yemek kaşığı pirinç sirkesi

1 çay kaşığı Dijon hardalı

1/3 kiloluk pişmiş karides

Kıyılmış taze maydanoz

Talimat

Benmari hazırlayın ve vakuma koyun. 183F'ye ayarlayın.

Gözeneklerin üst kısmını kesin ve altını çıkarın. Soğuk suyla durulayın ve 1 yemek kaşığı zeytinyağı gezdirin. Tuz ve karabiberle tatlandırın. Vakumlu bir torbaya koyun. Suyu değiştirerek havayı serbest bırakın, kapatın ve torbayı bir su banyosuna daldırın. 1 saat pişirin.

Bu arada salata sosu yapmak için arpacık soğanı, Dijon hardalı, sirke ve 1/4 bardak zeytinyağını bir kasede birleştirin. Tuz ve karabiberle tatlandırın. Zamanlayıcı durduğunda torbayı çıkarın ve buzlu su banyosuna aktarın. Soğumaya bıraktık. Pırasaları 4 tabağa yerleştirin ve üzerine tuz serpin. Karidesleri ekleyin ve salata suyunu dökün. Maydanozla süsleyin.

Karidesli Hindistan Cevizi Çorbası

Hazırlama süresi + pişirme süresi: 55 dakika | Yemekler: 6

İçindekiler

8 büyük çiğ karides, soyulmuş ve çekirdeği çıkarılmış

1 yemek kaşığı tereyağı

Tatmak için tuz ve karabiber

<u>Çorba için</u>

1 kilo kabak

4 yemek kaşığı limon suyu

2 sarı soğan, doğranmış

1-2 küçük kırmızı biber, ince doğranmış

1 sap limon otu, sadece beyaz kısmı, doğranmış

1 çay kaşığı karides ezmesi

1 çay kaşığı şeker

1½ bardak hindistan cevizi sütü

1 çay kaşığı demirhindi ezmesi

1 bardak su

½ su bardağı hindistan cevizi kreması

1 yemek kaşığı balık sosu

2 yemek kaşığı taze fesleğen, doğranmış

Talimat

Benmari hazırlayın ve vakuma yerleştirin. 142 F'ye ayarlayın. Karides ve tereyağını vakumlu bir torbaya koyun. Tuz ve karabiberle tatlandırın. Suyu değiştirerek havayı serbest bırakın, kapatın ve torbayı bir su banyosuna daldırın. 15-35 dakika pişirin.

Bu arada kabakları soyun ve çekirdeklerini çıkarın. Küpler halinde kesin. Bir mutfak robotuna soğan, limon otu, kırmızı biber, karides ezmesi, şeker ve 1/2 bardak hindistan cevizi sütü ekleyin. Bir püre haline getirin.

Tavayı kısık ateşte ısıtın ve soğanı, kalan hindistancevizi sütünü, demirhindi ezmesini ve suyu ekleyip karıştırın. Kabak ekleyin ve 10 dakika pişirin.

Zamanlayıcı durduğunda karidesleri çıkarın ve et suyuna koyun. Hindistan cevizi kremasını, limon suyunu ve fesleğeni birlikte çırpın. Çorba kaselerinde servis yapın.

Soba Noodle'lı Ballı Somon

Hazırlama süresi + pişirme süresi: 40 dakika | Yemekler: 4

İçindekiler

<u>Somon</u>

Somon filetosu üzerinde 6 ons deri

Tatmak için tuz ve karabiber

1 çay kaşığı susam yağı

1 su bardağı zeytinyağı

1 yemek kaşığı taze zencefil, rendelenmiş

2 yemek kaşığı bal

<u>Susam odası</u>

4 ons kuru soba eriştesi

1 yemek kaşığı üzüm çekirdeği yağı

2 diş sarımsak, doğranmış

½ baş karnabahar

3 yemek kaşığı tahin

1 çay kaşığı susam yağı

2 yemek kaşığı zeytinyağı

¼ limon suyu

1 adet dilimlenmiş yeşil soğan

¼ bardak kişniş, kabaca doğranmış

1 çay kaşığı kızarmış haşhaş tohumu

Dekorasyon için limon dilimleri

Dekorasyon için susam

2 yemek kaşığı kıyılmış kişniş

Talimat

Benmari hazırlayın ve vakuma yerleştirin. 123 F'ye ayarlayın. Somonu tuz ve karabiberle tatlandırın. Bir kapta susam yağı, zeytinyağı, zencefil ve balı birleştirin. Somonu yerleştirin ve vakumlu poşete koyup karıştırın. İyi çalkala. Suyu değiştirerek havayı serbest bırakın, kapatın ve torbayı bir su banyosuna daldırın. 20 dakika pişirin.

Bu arada soba erişitelerini hazırlayın. Üzüm çekirdeği yağını bir tavada yüksek ateşte ısıtın ve karnabaharı sarımsakla birlikte 6 ila 8 dakika kadar kızartın. Bir kapta tahin, zeytinyağı, susam yağı, limon suyu, kişniş, yeşil soğan ve kavrulmuş susam tohumlarını karıştırın. Makarnayı süzüp karnabaharın üzerine ekleyin.

Tavayı yüksek ateşte ısıtın. Pişirme kağıdıyla örtün. Zamanlayıcı durduğunda somonu çıkarın ve tavaya aktarın. 1 dakika kızartın. Makarnayı iki kasede servis edin ve somonu ekleyin. Misket limonu dilimleri, haşhaş tohumu ve kişniş ile süsleyin.

Mayonezli lezzetli ıstakoz

Hazırlama süresi + pişirme süresi: 40 dakika | Yemekler: 2

İçindekiler

2 ıstakoz kuyruğu

1 yemek kaşığı tereyağı

2 tatlı soğan, doğranmış

3 yemek kaşığı mayonez

Tatmak için tuz

Bir tutam karabiber

2 çay kaşığı limon suyu

Talimat

Benmari hazırlayın ve vakuma yerleştirin. 138F'ye ayarlayın.

Bir tencerede suyu kaynayana kadar yüksek ateşte ısıtın. Istakoz kuyruk kabuklarını açın ve suya batırın. 90 saniye pişirin. Buzlu su banyosuna aktarın. 5 dakika soğumaya bırakın. Kabukları kırın ve kuyruklarını çıkarın.

Tereyağlı kuyrukları vakumlu poşete koyun. Suyu değiştirerek havayı serbest bırakın, kapatın ve torbayı bir su banyosuna daldırın. 25 dakika pişirin.

Zamanlayıcı durduğunda kuyrukları çıkarın ve kurulayın. Yan oturun. 30 dakika soğumaya bırakın. Bir kapta mayonez, tatlı soğan, biber ve limon suyunu karıştırın. Şalgamları doğrayın, mayonez karışımına ekleyin ve iyice karıştırın. Tost ile servis edilir.

Karides Partisi Kokteyli

Hazırlama süresi + pişirme süresi: 40 dakika | Yemekler: 2

İçindekiler

1 kiloluk karides, soyulmuş ve ayrılmış

Tatmak için tuz ve karabiber

4 yemek kaşığı taze dereotu, doğranmış

1 yemek kaşığı tereyağı

4 yemek kaşığı mayonez

2 yemek kaşığı yeşil soğan, doğranmış

2 çay kaşığı taze sıkılmış limon suyu

2 çay kaşığı domates püresi

1 yemek kaşığı tabasco

4 uzunlamasına silindir

8 marul yaprağı

½ limon, sekize bölünmüş

Talimat

Benmari hazırlayın ve vakuma yerleştirin. 149 F'ye ayarlayın. Baharat için mayonez, yeşil soğan, limon suyu, salça ve Tabasco sosunu iyice karıştırın. Tuz ve karabiberle tatlandırın.

Karidesleri ve baharatları vakumlu poşete koyun. Her sarmaya 1 yemek kaşığı dereotu ve 1/2 yemek kaşığı tereyağı ekleyin. Suyu değiştirerek havayı serbest bırakın, kapatın ve torbayı bir su banyosuna daldırın. 15 dakika pişirin.

Fırını önceden 400 F.'ye ısıtın ve 15 dakika pişirin. Zamanlayıcı durduğunda torbayı çıkarın ve süzün. Karidesleri sosla birlikte kaseye koyun ve iyice karıştırın. Limonlu salata ruloları üzerinde servis edilir.

Otlu Limon Somonu

Hazırlama süresi + pişirme süresi: 45 dakika | Yemekler: 2

İçindekiler

2 derisiz somon filetosu

Tatmak için tuz ve karabiber

¾ bardak sızma zeytinyağı

1 arpacık soğanı, ince halkalar halinde kesilmiş

1 yemek kaşığı fesleğen yaprağı, hafifçe doğranmış

1 çay kaşığı pul biber

3 ons karışık yeşillik

1 limon

Talimat

Benmari hazırlayın ve vakuma koyun. 128F'ye ayarlayın.

Somonu tuz ve karabiberle tatlandırıp vakumlu poşete koyun. Arpacık soğanı dilimlerini, zeytinyağını, yenibaharı ve fesleğeni ekleyin. Suyu değiştirerek havayı serbest bırakın, kapatın ve torbayı bir su banyosuna daldırın. 25 dakika pişirin.

Zamanlayıcı durduğunda poşeti çıkarın ve somonu bir tabağa aktarın. Pişirme suyunu biraz limon suyuyla karıştırın ve somon filetoyla süsleyin. sert.

Tuzlu tereyağlı ıstakoz kuyrukları

Hazırlama süresi + pişirme: 1sa10 | Yemekler: 2

İçindekiler

8 yemek kaşığı tereyağı

2 ıstakoz kuyruğu, kabukları çıkarılmış

2 dal taze tarhun

2 yemek kaşığı adaçayı

Tatmak için tuz

Limon dilimleri

Talimat

Benmari hazırlayın ve vakuma yerleştirin. 134F'ye ayarlayın.

Istakoz kuyruklarını, tereyağını, tuzu, adaçayı ve tarhunu açılıp kapanabilir bir torbaya koyun. Suyu değiştirerek havayı serbest bırakın, kapatın ve torbayı bir su banyosuna daldırın. 60 dakika pişirin.

Zamanlayıcı durduğunda torbayı çıkarın ve ıstakozu bir tabağa aktarın. Üzerine tereyağını yayın. Limon dilimleriyle süsleyin.

Karnabahar ve yumurtalı erişte ile Tay somonu

Hazırlama süresi + pişirme süresi: 55 dakika | Yemekler: 2

İçindekiler

2 adet derili somon filetosu

Tatmak için tuz ve karabiber

1 yemek kaşığı zeytinyağı

4½ yemek kaşığı soya sosu

2 yemek kaşığı doğranmış taze zencefil

2 Tay biberi, ince dilimlenmiş

6 yemek kaşığı susam yağı

4 ons hazırlanmış yumurtalı erişte

6 ons pişmiş karnabahar çiçeği

5 çay kaşığı susam

Talimat

Benmari hazırlayın ve vakuma yerleştirin. 149 F'ye ayarlayın. Folyoyla kaplı bir fırın tepsisi hazırlayın ve somonu yerleştirin, tuz ve karabiberle tatlandırın ve üzerini ilave folyoyla örtün. 30 dakika pişirin.

Pişen somonu vakum poşetine alın. Suyu değiştirerek havayı serbest bırakın, kapatın ve torbayı bir su banyosuna daldırın. 8 dakika pişirin.

Bir kapta zencefil, pul biber, 4 yemek kaşığı soya sosu ve 4 yemek kaşığı susam yağını birleştirin. Zamanlayıcı durduğunda torbayı çıkarın ve somonu erişte kasesine aktarın. Kızarmış tohumlar ve somon kabuğu rendesi ile süsleyin. Biber-zencefil sosunu gezdirip servis yapın.

Hafif dereotu levrek

Hazırlama süresi + pişirme süresi: 35 dakika | Yemekler: 3

İçindekiler

1 kiloluk derisiz Şili levreği

1 yemek kaşığı zeytinyağı

Tatmak için tuz ve karabiber

1 yemek kaşığı dereotu

Talimat

Benmari hazırlayın ve vakuma koyun. 134 F'ye ayarlayın. Levreği tuz ve karabiberle tatlandırın ve vakumlu bir torbaya koyun. Dereotu ve zeytinyağını ekleyin. Suyu değiştirerek havayı serbest bırakın, kapatın ve torbayı bir su banyosuna daldırın. 30 dakika pişirin. Zamanlayıcı durduğunda poşeti çıkarın ve levreği bir tabağa aktarın.

Tatlı biberli kızarmış karides

Hazırlama süresi + pişirme süresi: 40 dakika | Yemekler: 6

İçindekiler

1½ pound karides

3 adet kurutulmuş kırmızı biber

1 yemek kaşığı rendelenmiş zencefil

6 diş sarımsak, ezilmiş

2 yemek kaşığı şampanya

1 yemek kaşığı soya sosu

2 yemek kaşığı şeker

½ çay kaşığı mısır nişastası

3 yeşil soğan, doğranmış

Talimat

Benmari hazırlayın ve vakuma koyun. 135F'ye ayarlayın.

Zencefil, diş sarımsak, kırmızı biber, şampanya, şeker, soya sosu ve mısır nişastasını karıştırın. Soyulmuş karidesleri karışımla birlikte vakumlu torbaya koyun. Suyu hareket ettirerek havayı serbest bırakın, kapatın ve bir su banyosuna daldırın. 30 dakika pişirin.

Yeşil soğanları orta ateşte bir tavaya koyun. Yağı ekleyin ve 20 saniye pişirin. Zamanlayıcı durduğunda pişmiş karidesleri çıkarın ve bir kaseye koyun. Soğanla süsleyin. Pirinçle servis yapın.

Meyveli Tay Karides

Hazırlama süresi + pişirme süresi: 25 dakika | Yemekler: 4

İçindekiler

2 pound karides, soyulmuş ve ayrılmış

4 parça soyulmuş ve doğranmış papaya

2 arpacık, dilimlenmiş

¾ bardak kiraz domates, ikiye bölünmüş

2 yemek kaşığı kıyılmış fesleğen

¼ su bardağı kavrulmuş kuru fıstık

Tay sosu

¼ bardak limon suyu

6 yemek kaşığı şeker

5 yemek kaşığı balık sosu

4 diş sarımsak

4 küçük kırmızı biber

Talimat

Benmari hazırlayın ve vakuma yerleştirin. 135 F'ye ayarlayın. Karidesleri vakumlu bir torbaya koyun. Suyu değiştirerek havayı serbest bırakın, kapatın ve torbayı bir su banyosuna daldırın. 15 dakika pişirin. Bir kapta limon suyu, balık sosu ve şekeri iyice karıştırın. Sarımsak ve pul biberi ezin. Pansuman karışımına ekleyin.

Zamanlayıcı durduğunda karidesleri poşetten çıkarın ve bir kaseye koyun. Papaya, Tay fesleğen, arpacık soğan, domates ve yer fıstığını ekleyin. Salata sosuyla sırlayın.

Dublin usulü limonlu karides

Hazırlama süresi + pişirme süresi: 1sa15 | Yemekler: 4

İçindekiler

4 yemek kaşığı tereyağı

2 yemek kaşığı limon suyu

2 diş taze sarımsak, doğranmış

1 çay kaşığı taze limon kabuğu rendesi

Tatmak için tuz ve karabiber

1 kiloluk jumbo karides, soyulmuş ve ayrılmış

½ bardak panko galeta unu

1 yemek kaşığı taze maydanoz, doğranmış

Talimat

Benmari hazırlayın ve vakuma koyun. 135F'ye ayarlayın.

3 yemek kaşığı tereyağını orta ateşte bir tavada ısıtın ve limon suyunu, tuzu, karabiberi, sarımsağı ve kabuğu rendesini ekleyin. 5 dakika soğumaya bırakın. Karidesleri yerleştirin ve vakumlu torbaya karıştırın. Suyu değiştirerek havayı serbest bırakın, kapatın ve torbayı bir su banyosuna daldırın. 30 dakika pişirin.

Bu arada tereyağını bir tavada orta ateşte ısıtın ve panko ekmek kırıntılarını kızartın. Zamanlayıcı durduğunda karidesleri çıkarın ve yüksek ateşte bir tencereye aktarın ve pişirme suyuyla birlikte pişirin. 4 çorba kasesine paylaştırın ve üzerine galeta unu serpin.

Sarımsak-biber soslu sulu midye

Hazırlama süresi + pişirme süresi: 75 dakika | Yemekler: 2

İçindekiler

2 yemek kaşığı sarı köri

1 yemek kaşığı domates püresi

½ su bardağı hindistan cevizi kreması

1 çay kaşığı sıcak sarımsak sosu

1 yemek kaşığı limon suyu

6 deniz tarağı

Servis için pişmiş kahverengi pirinç

Taze kişniş, doğranmış

Talimat

Benmari hazırlayın ve vakuma yerleştirin. 134F'ye ayarlayın.

Hindistan cevizi kremasını, domates salçasını, köri tozunu, limon suyunu ve biber-sarımsak sosunu karıştırın. Midye karışımını vakumlu bir torbaya koyun. Suyu değiştirerek havayı serbest bırakın, kapatın ve torbayı bir su banyosuna daldırın. 60 dakika pişirin.

Zamanlayıcı durduğunda poşeti çıkarın ve bir tabağa aktarın. Kahverengi pirinçle servis yapın ve istiridye ile süsleyin. Kişniş ile süsleyin.

Erişte ile karidesli köri

Hazırlama süresi + pişirme süresi: 25 dakika | Yemekler: 2

İçindekiler

1 kiloluk kuyruk karidesi

8 ons makarna eriştesi, pişirilmiş ve süzülmüş

1 çay kaşığı pirinç şarabı

1 çay kaşığı köri tozu

1 yemek kaşığı soya sosu

1 yeşil soğan, dilimlenmiş

2 yemek kaşığı bitkisel yağ

Talimat

Benmari hazırlayın ve vakuma yerleştirin. 149 F'ye ayarlayın. Karidesleri vakumlu bir torbaya koyun. Suyu değiştirerek havayı serbest bırakın, kapatın ve torbayı bir su banyosuna daldırın. 15 dakika pişirin.

Yağı bir tavada orta ateşte ısıtın ve pirinç şarabı, köri ve soya sosunu ekleyin. İyice karıştırıp makarnayı birleştirin. Zamanlayıcı durduğunda karidesleri çıkarın ve makarna karışımına koyun. Yeşil soğanla süsleyin.

Lezzetli kremalı mermer morina

Hazırlama süresi + pişirme süresi: 40 dakika | Yemekler: 6

İçindekiler

<u>Morina için</u>

6 morina filetosu

Tatmak için tuz

1 yemek kaşığı zeytinyağı

3 dal taze maydanoz

<u>sosu için</u>

1 bardak beyaz şarap

1 su bardağı yarım buçuk ekşi krema

1 ince doğranmış beyaz soğan

2 yemek kaşığı kıyılmış dereotu

2 çay kaşığı karabiber

Talimat

Benmari hazırlayın ve vakuma koyun. 148F'ye ayarlayın.

Tuzlanmış morina filetolarını vakumlu torbalara koyun. Zeytinyağı ve maydanozu ekleyin. Suyu değiştirerek havayı serbest bırakın, kapatın ve torbayı bir su banyosuna daldırın. 30 dakika pişirin.

Tavayı orta ateşte ısıtın, şarabı, soğanı, karabiberi ekleyin ve yumuşayana kadar pişirin. Ekşi kremanın yarısını koyulaşana kadar karıştırın. Zamanlayıcı durduğunda balıkları tabaklara koyun ve üzerine sos gezdirin.

Somon Rillettes tenceresi

Hazırlama süresi + pişirme süresi: 2sa30 | Yemekler: 2

İçindekiler

½ kg derisiz somon filetosu

1 çay kaşığı deniz tuzu

6 yemek kaşığı tereyağı

1 soğan, doğranmış

1 diş sarımsak, doğranmış

1 yemek kaşığı limon suyu

Talimat

Benmari hazırlayın ve vakuma yerleştirin. 130 F'ye ayarlayın. Somonu, tuzsuz tereyağını, deniz tuzunu, sarımsak dişlerini, soğanı ve limon suyunu açılıp kapanabilir bir torbaya koyun. Suyu değiştirerek havayı serbest bırakın, kapatın ve torbayı bir su banyosuna daldırın. 20 dakika pişirin.

Zamanlayıcı durduğunda somonu çıkarın ve 8 küçük kaseye koyun. Pişirme suyuyla tatlandırın. 2 saat kadar buzdolabında dinlendirin. Tost dilimleri ile servis yapın.

Hindistan Cevizli Patates Püresi ile Adaçayı Somonu

Hazırlama süresi + pişirme süresi: 1sa30 | Yemekler: 2

İçindekiler

2 adet derili somon filetosu

2 yemek kaşığı zeytinyağı

2 dal adaçayı

4 diş sarımsak

3 patates, soyulmuş ve dilimlenmiş

¼ bardak hindistan cevizi sütü

1 demet pazı

1 yemek kaşığı rendelenmiş zencefil

1 yemek kaşığı soya sosu

Tatmak için deniz tuzu

Talimat

Benmari hazırlayın ve vakuma yerleştirin. 122 F'ye ayarlayın. Somonu, adaçayı, sarımsağı ve zeytinyağını hava geçirmez bir torbaya koyun. Suyu değiştirerek havayı serbest bırakın, kapatın ve torbayı bir su banyosuna daldırın. 1 saat pişirin.

Fırını önceden 375 F'ye ısıtın. Patatesleri yağla fırçalayın ve 45 dakika pişirin. Patatesleri blendera aktarın ve hindistancevizi sütünü ekleyin. Tuz ve karabiberle tatlandırın. Pürüzsüz hale gelinceye kadar 3 dakika karıştırın.

Zeytinyağını bir tavada orta ateşte ısıtın ve zencefil, pazı ve soya sosunu kızartın.

Zamanlayıcı durduğunda somonu çıkarın ve sıcak tavaya aktarın. 2 dakika kızartın. Bir tabağa aktarın, üzerine patates püresini koyun ve üzerine kömür serpin.

Dereotu ile ahtapot kase

Hazırlama süresi + pişirme süresi: 60 dakika | Yemekler: 4

İçindekiler

1 kilo kalamar

1 yemek kaşığı zeytinyağı

1 yemek kaşığı taze sıkılmış limon suyu

Tatmak için tuz ve karabiber

1 yemek kaşığı dereotu

Talimat

Benmari hazırlayın ve vakuma yerleştirin. 134 F'ye ayarlayın. Ahtapotu vakumlu bir torbaya koyun. Suyu değiştirerek havayı serbest bırakın, kapatın ve torbayı bir su banyosuna daldırın. 50 dakika pişirin. Zamanlayıcı durduğunda ahtapotu çıkarın ve silerek kurulayın. Ahtapotu biraz zeytinyağı ve limon suyuyla karıştırın. Tuz, karabiber ve dereotu ile tatlandırın.

Hollandaise soslu lezzetli somon balığı

Hazırlama süresi + pişirme süresi: 1sa50 | Yemekler: 4

BENiçindekiler

4 somon filetosu

Tatmak için tuz

<u>Hollandez sosu</u>

4 yemek kaşığı tereyağı

1 sarı

1 çay kaşığı limon suyu

1 çay kaşığı su

½ arpacık soğanı, doğranmış

Bir tutam kırmızı biber

Talimat

Somonu tuzlayın. 30 dakika soğumaya bırakın. Benmari hazırlayın ve vakuma yerleştirin. 148 F'ye ayarlayın. Tüm sos malzemelerini vakumlu bir torbaya koyun. Suyu değiştirerek havayı serbest bırakın, kapatın ve torbayı bir su banyosuna daldırın. 45 dakika pişirin.

Zamanlayıcı durduğunda torbayı çıkarın. Kenara koymak. Sous vide sıcaklığını 120 F'a düşürün ve somonu vakumla kapatılabilen bir torbaya koyun. Suyu değiştirerek havayı serbest bırakın, kapatın ve torbayı bir su banyosuna daldırın. 30 dakika pişirin. Sosu bir karıştırıcıya aktarın ve soluk sarı olana kadar karıştırın. Zamanlayıcı durduğunda somonu çıkarın ve kurulayın. Üzerine sos gezdirerek servis yapın.

Lezzetli limon fesleğen somonu

Hazırlama süresi + pişirme süresi: 35 dakika | Yemekler: 4

İçindekiler

2 kilo somon

2 yemek kaşığı zeytinyağı

1 yemek kaşığı kıyılmış fesleğen

1 limonun kabuğu rendesi

1 limonun suyu

¼ çay kaşığı sarımsak tozu

Tatmak için deniz tuzu ve karabiber

Talimat

Benmari hazırlayın ve vakuma yerleştirin. 115 F'ye ayarlayın. Somonu vakumla kapatılabilen bir torbaya koyun. Suyu değiştirerek havayı serbest bırakın, kapatın ve torbayı bir su banyosuna daldırın. 30 dakika pişirin.

Bu arada bir kapta biber, tuz, fesleğen, limon suyu ve sarımsak tozunu emülsifiye olana kadar karıştırın. Zamanlayıcı durduğunda somonu çıkarın ve bir tabağa koyun. Pişirme sularını saklayın. Zeytinyağını bir tavada ısıtın ve sarımsak dilimlerini kızartın. Sarımsakları saklayın. Somonu tavaya ekleyin ve altın rengi kahverengi olana kadar 3 dakika kızartın. Sarımsak dilimlerini örtüp dizin.

www.ingramcontent.com/pod-product-compliance
Lightning Source LLC
Chambersburg PA
CBHW051059050726
47592CB00002B/597